Christian Firus mit Hans-Hermann Firus

Verabredung mit dem Glück

So stärken Sie
Ihre seelische Widerstandskraft

Patmos Verlag

VERLAGSGRUPPE PATMOS

PATMOS
ESCHBACH
GRÜNEWALD
THORBECKE
SCHWABEN

Die Verlagsgruppe
mit Sinn für das Leben

Für die Schwabenverlag AG ist Nachhaltigkeit ein wichtiger Maßstab ihres Handelns.
Wir achten daher auf den Einsatz umweltschonender Ressourcen und Materialien.

Bibliografische Information der Deutschen Nationalbibliothek
Die Deutsche Nationalbibliothek verzeichnet diese Publikation
in der Deutschen Nationalbibliografie; detaillierte bibliografische Daten
sind im Internet über http://dnb.d-nb.de abrufbar.

Alle Rechte vorbehalten
© 2015 Patmos Verlag der Schwabenverlag AG, Ostfildern
www.patmos.de

Umschlaggestaltung oder Gestaltung: Finken & Bumiller, Stuttgart
Umschlagabbildung: Nordreisender/photocase.de
Druck: CPI – Ebner & Spiegel, Ulm
Hergestellt in Deutschland
ISBN 978-3-8436-0572-4 (Print)
ISBN 978-3-8436-0587-8 (eBook)

VORWORT
VON LUISE REDDEMANN

Auch das Glück entzieht sich uns
genau und gerade in dem Maße, in dem wir es forciert intendieren.
Aber es stellt sich automatisch ein, wenn wir unsere
Selbst-Transzendenz ausleben,
sei es in der Arbeit, sei es in der Liebe. Das Glück ist ein »Effekt«,
der sich nicht »haschen« läßt.
Viktor Frankl

In diesem Buch von Christian Firus geht es unter anderem ums Glück
und wie man es erreichen kann. Alle Menschen wollen glücklich sein,
meinen die Buddhisten, aber wie können wir das Glück erreichen?
Indem wir zunächst anerkennen, dass es Leiden gibt, Leiden, das jedem
Menschen widerfahren kann, und ob es uns widerfährt, entzieht sich
unserer Kontrolle. Viktor Frankl wusste das sehr genau, weil er in den
KZs der Nazis zu überleben versuchte, was ihm auch gelang.

Nach dem »Anschluss« von Österreich an das Deutsche Reich wurde
ihm 1938 aufgrund seiner jüdischen Herkunft untersagt, arische Patienten zu behandeln. 1940 übernahm er die Leitung der neurologischen Abteilung des Rothschild-Spitals, des einzigen Krankenhauses,
in dem in Wien noch jüdische Patienten behandelt wurden. Einige seiner Gutachten aus dieser Zeit sollten Patienten davor bewahren, dem
nationalsozialistischen Euthanasieprogramm zum Opfer zu fallen. Als
Juden wurden er, seine Frau und seine Eltern am 25. September 1942 ins
Ghetto Theresienstadt deportiert. Sein Vater starb dort 1943, seine
Mutter wurde in der Gaskammer von Auschwitz ermordet, seine Frau
starb im KZ Bergen Belsen. Am 27. April 1945 wurde er aus dem KZ in
Türkheim von der US-Armee befreit.

Seine Eindrücke und Erfahrungen in den Konzentrationslagern
verarbeitete er in dem Buch »… trotzdem Ja zum Leben sagen. Ein Psychologe erlebt das Konzentrationslager«. Schon kurz nach Ende des
Krieges vertrat er die Ansicht, dass vor allem Versöhnung einen sinnvollen Ausweg aus den Katastrophen des Weltkrieges und des Holo-

caust weisen könne. 1946 wurde er zum Vorstand der Wiener Neurologischen Poliklinik berufen und war dies bis 1971. Er begründete die österreichische Ärztegesellschaft für Psychotherapie und wurde deren erster und einziger Präsident.

Ich halte es für einen gewissen Skandal, dass die Arbeit von Frankl in psychotherapeutischen Kreisen in Deutschland nicht zur Kenntnis genommen wird, geschweige denn gewürdigt. So ist es Christian Firus als Verdienst anzurechnen, dass er, nach seiner Doktorarbeit zu Frankl, sich immer noch bemüht, dessen Grundsätze bekannter zu machen und sie in einen aktuellen Kontext zu bringen. Selbsttranszendenz, sich als Teil von etwas Größerem zu sehen, war lange Zeit kein Thema in der Mainstream-Psychotherapie.

Frankl wusste um den Sinn einer Lebensaufgabe, denn: »Das Wissen um eine Lebensaufgabe hat einen eminent psychotherapeutischen und psychohygienischen Wert. Wer um einen Sinn seines Lebens weiß, dem verhilft dieses Bewusstsein mehr als alles andere dazu, äußere Schwierigkeiten und innere Beschwerden zu überwinden.« Und dass »der Wille zum Sinn unser Leben bestimmt! Wer Menschen motivieren will und Leistung fordert, muss Sinnmöglichkeiten bieten«.

Kurzum, die Verbindung, die Christian Firus zwischen Frankls Arbeiten und weiteren Erkenntnissen, die in den letzten Jahrzehnten zu denen von Frankl dazugekommen sind, herstellt, sind aus meiner Sicht sehr hilfreich für Menschen, die leiden, unter sich oder unter ihren Erfahrungen oder beidem.

Firus geht es neben Frankls Arbeit um Resilienz, um Salutogenese, um Ressourcen und wie man sie aktivieren kann.

Er trägt vieles zusammen, was inzwischen als hilfreich gilt: Die Forschung zu Salutogenese, zu Resilienz und Ressourcen ebenso wie Erkenntnisse aus der positiven Psychologie und der Forschung zu Achtsamkeit. Es erscheint mir verdienstvoll, dies alles zusammenzutragen und Menschen, die sich (extrem) belastet fühlen, als Handwerkszeug mit auf den Weg zu geben.

Christian Firus arbeitet hauptsächlich mit extrem belasteten Menschen und hat über Jahre Erfahrungen sammeln können, wie diese Menschen sich selbst helfen können.

Eine Besonderheit dieses Buches ist es, dass Firus sich auf die Erfahrungen seines Vaters, der ein sogenanntes Kriegskind war, bezieht. Das Thema der »Kriegskinder« ist eines, das zuletzt zunehmendes Interesse erregte. Auch die Kinder der Kriegskinder, wie zum Beispiel Christian Firus, werden sich bewusst, wie viel sie tragen, das ihnen von den traumatisierten Eltern mit auf den Weg gegeben wurde. So ist es hilfreich zu lesen, dass manche Eltern, wie zum Beispiel der Vater von Christian Firus, doch ganz gut mit dem fertiggeworden sind, was sie durchgemacht haben. Gleichzeitig ist es wichtig, auch von ihrem unermesslichen Leid zu erfahren, von dem – natürlich – die nächste Generation auch erfuhr, sei es verbal oder nonverbal. Kinder erspüren die Probleme ihrer Eltern. Firus hat aber auch etwas erfahren und erspüren dürfen von den Kräften, die seinem Vater halfen, mit seinem Schicksal umzugehen. So macht er auch Mut, nicht nur ins Klagen zu verfallen, sondern aus Schwierigem Gewinn zu ziehen, sei es als direkt oder als indirekt betroffener Mensch.

Es geht um Sinn, aber auch um »Stellungbeziehen«, beides Begriffe, die auch Frankl sehr beschäftigt haben. Stellung zu sich selbst und Stellung des Therapeuten zu den Problemen seiner PatientInnen. Christian Firus ist dies mit seinem Buch gelungen.

INHALT

BITTE

Wir werden eingetaucht
und mit dem Wasser der Sintflut gewaschen
wir werden durchnässt
bis auf die Herzhaut

Der Wunsch nach der Landschaft
diesseits der Tränengrenze
taugt nicht
der Wunsch, den Blütenfrühling zu halten
der Wunsch, verschont zu bleiben
taugt nicht

Es taugt die Bitte
dass bei Sonnenaufgang die Taube
den Zweig vom Ölbaum bringe
dass die Frucht so bunt wie die Blüte sei
dass noch die Blätter der Rose am Boden
eine leuchtende Krone bilden

Und dass wir aus der Flut
dass wir aus der Löwengrube und dem feurigen Ofen
immer versehrter und immer heiler
stets von neuem
zu uns selbst
entlassen werden

Hilde Domin[1]

VORWORT

Die Erinnerungen an die Flucht- und Vertreibungsgeschichte meines Vaters reichen weit zurück in meine Kindheit und ich war schon früh davon beeindruckt. Interessanterweise hörte ich diese Geschichte von Überlebenswillen und Mut trotz aller Verluste von keiner anderen Person aus der Verwandtschaft meines Vaters, dort herrschte Schweigen.

Heute glaube ich, dass schon dieses Erzählenkönnen eine Form der Bewältigung war und ist! Das Leben, unser aller Leben erhält dadurch einen Anfang und ein Ende, was gerade bei belastenden und traumatischen Erfahrungen von großer Bedeutung ist. Erzählend können wir uns somit vergewissern, dass das Schreckliche vorbei ist.

Vermutlich hat mich der Lebensweg meines Vaters stärker beeinflusst, als ich lange Zeit dachte. Aufgewachsen mit den Berichten über die eindrucksvollen Erlebnisse von Flucht und Vertreibung, von Lagerleben und Neubeginn, von Trennungserfahrungen bis hin zum Tod seiner Mutter war ich dennoch stets von seinem Optimismus, seinem unbändigen Humor und seinem Wissensdurst umgeben. Seine bis heute anhaltende fragende, neugierige Suche und Auseinandersetzung mit dem, »was das Leben im Innersten zusammenhält«, und seiner Hilfsbereitschaft für andere, notleidende, am Leben zweifelnde Menschen beeindruckte mich immer schon. Ich erlebte, dass sich Schicksalsschläge überwinden, bewältigen lassen, dass das Leben auch und trotz dunkler Stunden weitergeht und nicht seinen Sinn verliert!

Sicherlich nicht grundlos stieß ich schon bald nach meinem Abitur auf die Logotherapie und Existenzanalyse Viktor Frankls und begann noch während meines Medizinstudiums mit der Psychotherapieausbildung in diesem Verfahren. Frankl ist meines Erachtens als Vorläufer der Salutogenese anzusehen, einem Konzept, das sich mit den Fragen der Gesunderhaltung und des Gesundwerdens beschäftigt. Nur nannte er selbst es nicht so. Er überlebte Auschwitz, verlor seine gesamte Familie und nutzte diese Erfahrung als Grundlage seiner Therapiemethode. Am Schweren zu wachsen, auch dem Leiden Sinn »abzuringen«, am Unabänderlichen nicht zu verzweifeln, das und vieles mehr waren seine Themen.

Während eines Studienjahres in Wien konnte ich Frankl noch in sehr hohem Alter an der Uni hören, gleichzeitig promovierte ich über den Sinnbegriff der Logotherapie und Existenzanalyse und seine Bedeutung für die Medizin.

In meiner weiteren Ausbildung war schon bald klar, dass mich die sogenannten Psychofächer interessierten. Die Facharztweiterbildungen in den Fächern Psychiatrie, Psychosomatische Medizin und Psychotherapie zeugen davon. Systemisch-hypnotherapeutische und schließlich traumatherapeutische Ausbildungen folgten und fließen in meine tägliche Arbeit mit traumatisierten Menschen ein. Dabei werde ich täglich auch Zeuge davon, was Menschen helfen kann, ihre mitunter dramatischen und traumatischen Schicksale zu bewältigen und wieder Anschluss an ihre Ressourcen und ihre Widerstandskraft zu bekommen.

Genauso ging es mir mit der Überlebenskunst meines Vaters. Und so bat ich ihn im Frühjahr 2011, seine Überlebensgeschichte einmal aufzuschreiben. Zeitgleich entstand bei mir die Idee, unterschiedliche Perspektiven seelischer Gesundheit zu beschreiben und gleichzeitig ganz praktische Anregungen zur eigenen Vertiefung in diese Themen zu geben. Entstanden ist daraus dieses Buch, das auch zum Ausdruck bringt, dass die Erfahrungen meines Vaters auch mein Leben bis heute beeinflussen und die Art und Weise, wie er sie bewältigt hat, mich bis heute prägen.

Die folgende »Autobiografie in fünf kurzen Kapiteln« nimmt bereits etwas vorweg, was sich durch dieses Buch ziehen wird; nämlich die Haltung des Handelns trotz aller Hindernisse, Belastungen oder gar Traumata.

Autobiografie in fünf kurzen Kapiteln
von Portia Nelson[2]

I
Ich geh die Straße hinunter.
Da ist ein tiefes Loch im Bürgersteig.
Ich fall hinein.
Ich bin verloren ... ich bin hilflos.
Es ist nicht meine Schuld.
Es dauert ein ganzes Leben,
da wieder herauszufinden.

II
Ich geh dieselbe Straße hinunter.
Da ist ein tiefes Loch im Bürgersteig.
Ich tue so, als würde ich es nicht sehen.
Ich falle wieder hinein.
Ich kann nicht glauben,
dass ich wieder am selben Punkt bin.
Aber es ist nicht meine Schuld.
Es dauert immer noch lange,
herauszukommen.

III
Ich geh dieselbe Straße hinunter.
Da ist ein tiefes Loch im Bürgersteig.
Ich seh es.
Ich falle wieder hinein … das ist die
Gewohnheit.
Ich hab die Augen offen.
Ich weiß, wo ich bin.
Es ist meine Schuld.
Ich bin sofort wieder draußen.

IV
Ich geh dieselbe Straße hinunter.
Da ist ein tiefes Loch im Bürgersteig.
Ich laufe um das Loch herum.

V
Ich gehe eine andere Straße hinunter.

DANKESCHÖN

An der Entstehung dieses Buches waren viele Menschen beteiligt, denen ich danken möchte. Zunächst möchte ich meinen Eltern danken, die mich bis heute durch ihre optimistische Widerstandskraft durchs Leben begleiten. Ohne sie wäre dieses Buch sicherlich so nicht entstanden. Dass sich dies auch in der hier vorliegenden Zusammenarbeit mit meinem Vater widerspiegelt, ist ein besonderes Glück.

Ermutigend und konstruktiv haben Nicolas Alschibaja, Blandina Kalmbach, Barbara und Wolfgang Köhne Korrektur gelesen, herzlichen Dank!

Meiner Frau Antje Firus gilt mein besonderer Dank. Sie hat den gesamten Text sehr sorgfältig gelesen und mit zahlreichen Anregungen zum besseren Verständnis beigetragen. Auch gewährte sie mir die Zeit zum Schreiben. Darüber bin ich glücklich und ihr sehr dankbar.

Werner Geigges, meinem Chef in der psychosomatischen Reha-Klinik Glotterbad, möchte ich danken, weil er mich immer wieder anregt, mich mit neuen Themen auseinanderzusetzen oder Bekanntes neu zu denken. Das bereichert meine Arbeit bis heute und ist auch in dieses Buch mit eingeflossen.

Zahlreiche Patienten vertrauten sich mir an, ließen mich dadurch lernen und tiefer sehen, ohne sie wäre dieses Buch nicht möglich.

Vielen Lehrern, von denen ich aus Büchern und Seminaren über viele Jahre lernen konnte, gilt mein Dank. Würde ich sie namentlich nennen, würde ich mit Sicherheit einige vergessen, das möchte ich vermeiden.

Zuletzt möchte ich unserer Lektorin Frau Heike Hermann herzlich danken, die durch ihre konstruktiven Korrekturen und Kommentare den Lesefluss und das Verständnis verbessert hat.

SO STÄRKEN SIE IHRE SEELISCHE WIDERSTANDSKRAFT

EINFÜHRUNG

»Wie soll jemand auf die Idee kommen, Verantwortung für seine Gesundheit zu übernehmen, dem von Kindesbeinen an erklärt wurde, dass der eigene Körper wie eine Maschine funktioniert?«[3] Dieses Buch möchte Ideen genau hierzu liefern und dabei den Bogen noch weiter spannen und das Schwere, Leidvolle, Belastende mit einbeziehen. Dabei wird es auch um die damit im Zusammenhang stehenden Fragen gehen:

Wie lässt sich Schweres bewältigen? Warum gelingt es Menschen immer wieder – unabhängig von ihrer Hautfarbe, Religion, Bildung und ihrem Geschlecht –, schwierige Lebensumstände zu überwinden, ja sogar an ihnen zu wachsen, wie die Lebensgeschichte meines Vaters in diesem Buch zeigt?

Diese Frage beschäftigt die psychologische Forschung zunehmend. Was so selbstverständlich klingt, ist es bei genauerer Betrachtung nicht! Über viele Jahrzehnte hat die Problemsichtweise Denken und Handeln von Pädagogik und Psychotherapie bestimmt und tut dies bis heute. Dahinter steht die Überzeugung, über Problemanalyse und -verständnis Hilfe zur Problembewältigung zu erlangen. Dies, so wissen wir heute, ist eine einseitige Sichtweise mit Konsequenzen. Erstens arbeitet unser Gehirn bei einem solchem Vorgehen im Problemmodus, ist fokussiert auf Schweres, Leidvolles, Traumatisches; dass es uns dabei nicht gut geht, liegt auf der Hand. Zweitens bleibt ein anderer Bereich dabei unberücksichtigt: die Ressourcen, die Fähigkeiten und Stärken einer Person, die stets vorhanden sind, oft verborgen und nicht wirklich ausgeschöpft! Leben kann ohne sie nicht gelingen! Dies gilt in gleicher Weise für Psychotherapie, Pädagogik und Beratung, die sich gerne und manchmal ausschließlich mit dem beschäftigen, was nicht funktioniert.

Mit Viktor Frankl tauchen schon ab den Dreißigerjahren des vergangenen Jahrhunderts neue Ideen auf (siehe Kapitel »Sinn«). Das Blatt beginnt sich in den Siebzigerjahren zu wenden, seit Bandura den Begriff Selbstwirksamkeit eingeführt und Antonovsky die Salutogenese begründet hat. In den entsprechenden Kapiteln erfahren Sie hierzu mehr. Antonovsky stellte sich die spannende Frage, warum nicht alle

KZ-Überlebenden schwere psychische Folgeschäden aufwiesen, sondern immerhin etwa dreißig Prozent den unfassbaren Schrecken relativ gesund überlebt hatten. Er fand heraus, dass die Fähigkeit, auch schwierigste Situationen zu verstehen, in ihnen Handlungsspielräume und eine Sinnhaftigkeit zu entdecken, darüber entscheidet, ob Menschen diesen Situationen mit einer Grundhaltung der Bejahung begegnen. Eine solche Haltung findet sich beispielsweise im Musizieren oder Theaterspielen mitten in einem KZ! Er nannte diese Fähigkeit Kohärenzgefühl.

Anders als Antonovsky, der annahm, dass dieses Kohärenzgefühl angeboren ist, wissen wir heute, dass wir ein Gefühl von Kohärenz zeitlebens entwickeln können. Die Biografie meines Vater mit dem Schwerpunkt Kriegs- und Nachkriegszeit, die Sie am Ende dieses Buches in Teil 2 lesen können, verwirklicht in eindrucksvoller Weise wesentliche salutogenetische Faktoren und zeigt Ressourcen auf, die dabei helfen können, Schweres, ja mitunter Traumatisches zu bewältigen, ohne daran zu zerbrechen und zu erkranken.

Zu Beginn der Lebensgeschichte meines Vater taucht gleich ein zentraler Satz und Gedanke auf: »Wir schaffen das!« Dies hört der fünfjährige Junge aus dem Mund seiner Mutter. In allem Chaos von Flucht und Vertreibung trägt dieser Satz oder ich sollte besser sagen: diese Haltung. Sie ist es, die sich mitteilt und sich einprägt als Grunderfahrung, als Grundton des Lebens.

Menschen benötigen Ermutigung und vertrauensvolle Anwesenheit, die es erlauben, sich zu beruhigen und wieder bei sich anzukommen. Was Menschen nach traumatischen Ereignissen am meisten brauchen, ist lapidar gesagt eine warme Decke, tröstende Worte, eine liebevolle Umarmung und vielleicht eine Tasse Tee! Sie brauchen keine theoretischen Informationen. So haben sich frühzeitige Interventionen, die über mögliche Folgen von Traumata informieren und entsprechende Behandlungsmöglichkeiten aufzeigen, in der Psychotherapie als nicht hilfreich erwiesen.

Wenigstens eine positiv besetzte Bezugsperson benötigen Menschen, um zu wachsen und Widerstandskraft zu entwickeln – und eine solche Person lässt sich in der Regel auch finden. Das müssen nicht die Eltern sein, manchmal sind es Großeltern, Geschwister oder auch Nachbarn, die einem das Gefühl vermitteln: Du schaffst das, ich traue dir das zu!

Solch wichtige Menschen begleiten meinen Vater in seinem Lebenslauf immer wieder, insbesondere nach dem Tod seiner Mutter. Eine körperlich behinderte und in ihrem alltäglichen Leben sehr eingeschränkte Frau, der mein Vater als Achtzehnjähriger auf einer Tagung begegnete, steht hierfür exemplarisch. Sie vermittelt ihm die Liebe zu Musik und Literatur und verhilft den ersten Schritten in der Arbeit mit anderen Menschen (Pfadfinder) zum Erfolg. Auch hier findet Ermutigung statt und Sinnstiftung durch den Zugang zu Musik und Literatur, die Frankl »schöpferische Werte« nannte. Das Leben wird als sinnvoll und bedeutsam erlebt, wenn ich mich für solche Erfahrungen öffnen kann! Dieser Erfahrung begegnen wir hier und sie ist eine wesentliche Ressource. Sie ist uns nicht angeboren, wir können vielmehr an sie herangeführt werden und sie für uns nutzbar machen.

Mich von Dingen ansprechen, mich vielleicht begeistern zu lassen, halte ich für eine grundlegende menschliche Ressource, die keineswegs trivial ist. Immer wieder erlebe ich es im klinischen Kontext, wie mühsam sich viele Patienten diese Fähigkeit erarbeiten müssen; wie sie darum ringen, das Leben und was es für sie bereithält als bedeutsam für sich zu erleben.

Grundlegend für die Bewältigung von Schwerem erscheint mir die Fähigkeit zum selbstwirksamen Handeln. Selbstwirksamkeit ist eine Grundeinstellung von Menschen, dass sie es sind, die ihr Leben gestalten und damit zum Erfolg oder Gelingen von was auch immer beitragen, dass sie beteiligt daran sind und Einfluss nehmen. Dies gilt meines Erachtens selbst dann, wenn jemand an Fügung, Schicksal, Kismet oder Ähnliches glaubt, weil wir unserem Leben mit dieser Einstellung Sinn verleihen und sich gerade dadurch Handlungsmöglichkeiten auftun. Auch hier erweisen sich die Salutogenesefaktoren als »Hintergrundmusik«.

Doch wie werden Menschen selbstwirksam?

An der Biografie meines Vaters und vieler anderer Menschen wird deutlich: Menschen benötigen einen »sicheren Hafen« (Bindungssicherheit) und Ermutigungen. Gerald Hüther weist darauf hin, dass alle Menschen diese Erfahrung von Zugehörigkeit und Wachsenkönnen wenigstens im Mutterleib machen und dass diese Erfahrung damit implizit und unauslöschlich in jedem von uns als Spur vorhanden ist, sie ist zumindest im Körpergedächtnis gespeichert!

Wie sonst könnten wir erklären, dass Menschen trotz unermesslichen Leides durchhalten und den mitunter beschwerlichen Weg einer Psychotherapie einschlagen?!

Diese Sichtweise ist nicht selbstverständlich, sie ist allerdings lernbar. Ich kann beispielsweise beginnen für mich zu sorgen, mich für mein Wohlergehen einzusetzen, anfangs meist gegen innere Widerstände, dann immer selbstverständlicher. Ich kann lernen, eine Haltung von Dankbarkeit zu entwickeln, die sich an einfachen Fragen orientieren kann wie: Was verdanke ich meinen Sinnen? Was nehme ich jetzt durch sie wahr und was würde mir fehlen, wenn genau das nicht möglich wäre?

Ich kann beginnen, ein Freude- und Dankbarkeitstagebuch zu führen, in das ich jeden Tag schreibe, und auf diese Weise langsam den Blick wenden oder zumindest lernen, einen Blickwinkel des Sowohl-als-auch einzunehmen: Es gibt das Schwere, ja, und es belastet mich bis heute immer wieder, und gleichzeitig gibt es Momente der Freude, vielleicht sogar des Glücks. Beides kann nebeneinanderstehen – diese Erkenntnis verändert Wesentliches! Wem es gelingt, eine solche Sichtweise einzunehmen, der ist selbstwirksam, der verschafft sich Luft, der sorgt für Gegengewichte, der bewältigt damit Schweres.

Mit anderen Worten: Wer dem Schweren etwas Leichtes an die Seite stellt, verändert es. Wer es verändert, nimmt Einfluss. Wer Einfluss nimmt, erlebt sich als handelnd. Und wer sich als handelnd und gestaltend erlebt, verändert sich und seine Welt! Er oder sie ist im besten Sinne selbst wirksam! Dies ist die Verabredung mit dem Glück!

Im Laufe dieses Buches werden wir auf ganz unterschiedliche Weise dem Glück begegnen. Mal zeigt es sich in der Bewältigung von Herausforderungen, mal in der Verbundenheit mit Menschen oder Aufgaben, mal im Nutzen eigener Kompetenzen und Stärken und mal in einer Haltung von Dankbarkeit. Wir können es nicht erzwingen, sehr wohl aber die Tür öffnen und es aktiv einladen. Dazu möchte dieses Buch Sie einladen!

SINN – EIN SCHLÜSSEL ZU GESUNDHEIT UND ERFÜLLUNG

Hoffnung ist nicht die Überzeugung, dass etwas gut ausgeht, sondern die Gewissheit, dass etwas Sinn hat, egal wie es ausgeht.
Vaclaw Havel

Einstiegsfragen: Kennen Sie in Ihrem Leben die Erfahrung von Sinn mitten im Alltag? Die Erfahrung einer erfüllenden Aufgabe, die Erfahrung von beglückenden Momenten im Erleben?
Kennen Sie die Erfahrung, dass etwas genau zu Ihnen passt, es geradezu darauf wartet, von Ihnen angepackt zu werden?

Vermutlich ist uns Menschen allen die Erfahrung zu eigen, dass wir uns dann zufrieden fühlen, wenn wir Dinge erleben oder tun, die uns sinnvoll erscheinen. Und umgekehrt kennen wir alle Situationen, in denen wir nutzlos scheinende Dinge tun müssen, was uns belastet und stresst. Und so ist mittlerweile wissenschaftlich gut belegt (mehr dazu im Kapitel über Flow), dass Menschen, die dauerhaft einer sinnentleerten Tätigkeit nachgehen müssen, die sie nicht oder kaum beeinflussen können, krankheitsanfälliger werden. Es liegt also nahe, seelische Gesundheit, Zufriedenheit und Glück mit Sinn in Zusammenhang zu bringen. Wir merken dabei sehr rasch, dass es nicht um die großen Fragen nach dem Sinn des Lebens im Allgemeinen geht, sondern vielmehr darum, auf die alltäglichen Anforderungen eine sinnvolle Antwort zu finden.

Und noch etwas wird bei der Beschäftigung mit dieser Thematik bald deutlich: Es sind die kleinen Dinge des Lebens, auf die es häufig ankommt. Wer kennt nicht die Erfahrung, dass das Aufräumen oder Ausmisten einer einzigen Schreibtischschublade mit einem Gefühl von Zufriedenheit einhergeht. Das Gleiche kann ich erleben, wenn ich eine Zimmerpflanze umtopfe, die schon lange darauf gewartet hat, oder ein einfaches Essen zubereite, an dem sich die Familie erfreut. Genauso kann eine Begegnung in der Straßenbahn, ein kurzer Austausch mit den Bauern auf dem Wochenmarkt oder ein freundlicher

Gruß des Nachbarn mit dem Gefühl einhergehen, am richtigen Platz zu sein.

Unsere Sprache weist bereits darauf hin, dass solche Erfahrungen von Sinn keine »Kopffüßler« sind, sondern ganz offensichtlich in unserem Körper verankert sind. Es ist ein bestimmtes Körperempfinden, was uns diese Erfahrung vermittelt. Der Hirnforscher Antonio Damasio nennt diese Körperempfindungen »somatische Marker«[4]. Er beschreibt damit genau das, was der Volksmund als »Bauchgefühl« kennt. Es ist ein mit Erleichterung oder Zufriedenheit einhergehendes ganzheitliches Empfinden, dass etwas zu mir passt beziehungsweise zum jetzigen Zeitpunkt genau richtig ist. Wir können also vereinfacht sagen, dass unser Körper bereits die Antwort kennt. Das hat evolutionsbiologische Gründe: Unser Körper hat zum Überleben alle wichtigen Informationen abgespeichert, um im späteren Leben darauf jederzeit zurückgreifen zu können. Und wir können diese Erfahrung unseres Körpergedächtnisses nutzen, wenn wir im Alltag darauf achten, wo und wann sich Gefühle von innerer Stimmigkeit und positiver Resonanz zeigen, und ihnen mehr Beachtung schenken.

Wir Menschen machen solche Erfahrungen von Stimmigkeit und Sinn häufig, wenn wir nicht mit uns selbst, sondern mit anderem beschäftigt sind, mit Menschen, mit denen wir uns verbunden fühlen, oder mit Tätigkeiten, mit deren Beschäftigung wir über uns selbst hinauswachsen. Auch diese Erfahrung beschreibt der Volksmund treffend mit: »Geben ist seliger als Nehmen.« Nicht Profitstreben und das eigennützige Vermehren des persönlichen Wohlstandes, sondern das Teilen, Verbinden und Bei-anderen-Sein erfüllt uns letztlich mit Zufriedenheit und Sinn. Wir brauchen einander, diese Feststellung ist heute mindestens so aktuell wie zu Urzeiten, in denen unsere Vorfahren in kleinen Gemeinschaften ums Überleben kämpften. Die Beschäftigung mit der Sinnperspektive kann dazu verhelfen und gleichzeitig das Tor zur seelischen Gesundheit aufstoßen.

Es war Viktor Frankl, der noch vor dem zweiten Weltkrieg damit begann, die »Logotherapie und Existenzanalyse« zu entwickeln, die die Sinnorientiertheit des Menschen in den Mittelpunkt stellt. Er meint mit Sinn etwas sehr Konkretes, nämlich eine »im Hier und Jetzt durch mich zu erfüllende Aufgabe«[5].

Was steht jetzt gerade für mich an? Was macht mir Sinn? Finde ich darauf eine passende Antwort, dann fühlt sich mein Leben sinnvoll an und dann geht es mit einem Gefühl innerer Resonanz und Stimmigkeit einher. Wenn Sie darauf achten, immer wieder solche Sinnerfahrungen zu machen, tun Sie viel für Ihre seelische Gesundheit!

In der Lebensgeschichte meines Vaters, die Sie im zweiten Teil dieses Buches lesen können, stoßen wir immer wieder auf solche Sinnerfahrungen, wenn er sich beispielsweise für andere Jugendliche und junge Erwachsene engagiert selbst in Zeiten eigener Not. Er findet eine Aufgabe, die ihn fordert und sein eigenes Leben sinnvoll erscheinen lässt.

Der Einsatz für notleidende Andere setzt nicht zwangsläufig seelische Gesundheit voraus, er trägt allerdings sehr wohl zur eigenen bei!

Es geht darum, eine *zu mir* passende Antwort auf den Augenblick zu finden. Ist das, was ich gerade tue, sinnvoll, auch wenn es vielleicht mit Mühen verbunden ist? Wenn junge Eltern gerade im Kindergeschrei und dem »ganz normalen Wahnsinn« unterzugehen drohen, kann es sehr hilfreich sein, zu sehen, wofür der Einsatz lohnt. Oder wenn ich einen schier endlosen Spülberg zu bewältigen versuche, ist dies vielleicht der Abschluss eines schönen Festes oder eines erfüllten Abends mit Freunden, an dem ich mich wohl fühlte und eingebunden erlebte im Kreis mir wichtiger Menschen.

Es zeigt sich, dass wir Sinn in den unterschiedlichsten Situationen des alltäglichen Lebens finden können, sowohl im Tun und Handeln (»schöpferische Werte«) als auch im Erleben (»Erlebniswerte«). Frankl spricht von Werten, über die Sinnerfahrung geschieht: »Den Sinn des Daseins erfüllen wir – unser Dasein erfüllen wir mit Sinn – allemal dadurch, dass wir Werte verwirklichen.«[6] Typische Beispiele für schöpferisches Handeln sind nicht die großen Würfe von künstlerischer Kreativität, sondern die Dinge des täglichen Lebens: ein liebevoll zubereitetes Essen, ein Brief an einen Freund, die besonders gestaltete Geburtstagskarte und vieles mehr, was uns in aller Regel nicht mehr auffällt, weil wir es als selbstverständlich erleben. Genauso ergeht es uns vielleicht mit dem Erleben von Dingen oder Menschen: Da ist das Gespräch mit einem Freund, das Genießen von Musik, einer guten Speise oder der Natur. Wer hat nicht schon einmal staunend vor der sich glühend rot in den Abendhimmel versenkenden Sonne gestanden, die Zeit schien stillzustehen, und alles andere war für den Moment bedeutungslos! Um den Blick hierfür wieder zu schärfen, kann ein **Freude- und Dankbarkeitstagebuch** helfen, in das ich mir jeden Tag genau solche wertvollen Erlebnisse oder Handlungen hineinschreibe. Wenn Sie damit beginnen, werden Sie schon bald erstaunt feststellen, dass es viel mehr Erfreuliches gibt, als Sie dachten, was wiederum Ihr Erleben verändern wird!

Deshalb möchte ich Sie dazu anregen, ein solches Freude- und Dankbarkeitstagebuch zu führen. Darin können Sie jeden Tag Ihre schönen Erlebnisse festhalten: zum Beispiel das Zwitschern der Vögel, den ersten Sonnenstrahl, das Funkeln der Sterne, ein Lächeln eines Menschen, eine blühende Blume, der letzte freie Sitzplatz im Bus, der gerade noch erreichte Zug, gerade weil der heute wieder Verspätung hatte. Das anfängliche leere Büchlein kann von Ihnen mit freudvollen Momenten angefüllt und so zu einem Schatz werden. Es geht dabei nicht um besondere Erlebnisse, sondern um kleine Freuden, die Sie im Alltag entdecken können. Sie werden feststellen, dass der geschärfte Blick für die schönen Dinge hilft, immer weitere zu entdecken!

Um sich besser zu erinnern, können auch einfache Bohnen nützlich sein, die Sie zum Beispiel immer dann von der rechten in die linke Hosentasche wandern lassen, wenn Sie im Laufe des Tages etwas Schönes, Gutes oder Erfreuliches erlebt haben. Am Abend können Sie die Bohnen in der linken Tasche nachzählen und sich noch einmal an die positiven Begebenheiten erinnern, um sie dann in Ihrem Freudetagebuch festzuhalten.

Sie können auch andere Erinnerungshilfen kreativ nutzen. Manche verfügen vielleicht über ein Handy mit Fotofunktion, dann könnten Sie beispielsweise Aufnahmen von freudigen Situationen machen. Manche tragen einen MP3-Player bei sich und können dessen Aufnahmefunktion nutzen, um im Laufe des Tages etwas draufzusprechen. Manche gestalten vielleicht eine »Freudekiste« im Sinne einer Schatztruhe, in der sie Symbole als Erinnerungen aufbewahren. Lassen Sie Ihrer Kreativität freien Lauf. Alles, was der Idee des Wahrnehmens, Festhaltens und Wiedererinnerns von positiven Erlebnissen dient, ist hilfreich.

Wer belastende oder gar traumatische Erfahrungen gemacht hat, dessen Wahrnehmung ist oft auf Probleme, Belastungen und auf die negativen Dinge im Leben fokussiert. Dafür können Sie nichts, das sind Belastungsfolgen – Ihr Gehirn hat sich sozusagen auf das frühzeitige Erkennen von Gefahren des Lebens spezialisiert. Jetzt, da die Gefahr vorüber ist, steht diese früher sinnvolle Strategie einem gesünderen Leben jedoch im Weg. Heute ist es wichtig, den Blick wieder auf das Positive zu richten, auf das, was gelingt, was Sie erfreut und wofür Sie dankbar sind. Dies kann Ihr Empfinden für die Gegenwart verändern.

Auch wenn diese Übung nicht immer leichtfällt und vielleicht so mühselig erscheint, dass man sie am liebsten vergisst, sie wird sich lohnen. Wenn an manchen Tagen sogar das Schreiben schwerfällt, dann können Sie das Freudetagebuch auch anders gestalten, zum Beispiel Blätter von Bäumen einkleben oder etwas malen! Versuchen Sie den zu Ihnen passenden Umgang mit dem Freudetagebuch zu finden!

Vielleicht hilft Ihnen in Zeiten von Belastung und vermehrter Traurigkeit ein anderer Aspekt dieses Tagebuchs: die Dankbarkeit. Sie ist eine besondere Haltung dem eigenen Leben und Erleben gegenüber. Auch sie fällt nicht immer leicht, setzt allerdings nicht voraus, dass ich mich freuen können muss. Dennoch kann ich dankbar für bestimmte Aspekte meines Lebens sein. Schon alleine die Frage, was ich meinen Sinnen verdanke, kann eine erstaunliche Erweiterung des eigenen Blickwinkels bewirken. Was verdanke ich beispielsweise meinen Augen, was kann ich durch sie jetzt gerade wahrnehmen, was mir sonst verborgen bliebe? Ich kann diese Sichtweise auch auf meine Vergangenheit anwenden: Für was kann ich trotz allem Schweren, das mir widerfahren ist, dennoch dankbar sein?

Die Beschäftigung mit Dankbarkeit aktiviert Bereiche in unserem Gehirn, die nachgewiesenermaßen mit positiven Gefühlen einhergehen. Es gibt wissenschaftliche Untersuchungen, die bestätigen, dass Menschen, die nur 2 Wochen täglich ein Dankbarkeitstagebuch führen, gegenüber denen, die ihren belastenden Alltagskummer oder andere Lebensereignisse in ein Tagebuch eintragen, mehr Freude und Zufriedenheit in ihrem Leben empfinden.[7]

Wie bei allem Neuen gilt: Das tägliche Üben wird es von Tag zu Tag leichter machen! Wenn Sie auf Ihr bisheriges Leben zurückblicken, werden Sie hierfür vielfältige Bestätigungen finden: zum Beispiel wie Sie Auto- oder Fahrradfahren gelernt haben.

Beispiel für einen Eintrag ins Freudetagebuch:

Freitag, 7. 11. 2014
- *Das Kalenderblatt mit seinem schönen Foto von einem Südseestrand entspannt und erfreut mich.*
- *Als ich draußen war, kam völlig unerwartet für ein paar Minuten die Sonne raus.*

Samstag, …

Unsere Fähigkeit, Sinn zu erleben, geht allerdings noch darüber hinaus. Sie gilt auch gegenüber dem unabänderlich Schicksalhaften, das aus den tragischen Elementen von Leid, Schuld und Tod besteht, die Frankl auch die »tragische Trias«[8] nennt. In meiner Einstellung – Frankl spricht deswegen auch von Einstellungswerten – dazu entscheidet sich, wie ich ein solches Schicksal erlebe, sinnlos oder sinnvoll. Von dieser Fähigkeit, am Schweren innerlich zu reifen und zu wachsen, berichten heute viele Psychoonkologen, wenn krebskranke Menschen ihr Leben häufig als sinnerfüllt und oftmals sogar als glücklich beschreiben, auch und manchmal vielleicht gerade angesichts des Todes!

Immer wieder beeindrucken Schicksale von Menschen, die gerade durch die Annahme und Bewältigung von leidvollen Erfahrungen nicht zerbrechen, sondern ihr Leben durchaus als glücklich und seelisch gesund betrachten. Ein mich persönlich immer wieder besonders beeindruckendes Beispiel ist der Astrophysiker Stephen Hawking, der seit dem 21. Lebensjahr an einer degenerativen neurologischen Erkrankung leidet (ALS – Amyotrophe Lateralsklerose). Die Ärzte prophezeiten ihm damals, dass er nur noch wenige Jahre zu leben hätte. Seit 1968 ist er auf den Rollstuhl angewiesen, nach einem Luftröhrenschnitt im Jahr 1985, der das Sprechen verunmöglicht, kann er nur noch über einen Sprachcomputer kommunizieren und – er lebt immer noch! Hawking würde sein Leben sicherlich nicht als sinnlos ansehen, von Freunden wird er als humorvoll beschrieben. Würde man nur von der Diagnose wissen, käme man vielleicht zu einer ganz anderen Sichtweise. Dieses Beispiel verdeutlicht eine differenzierte und in vielerlei Hinsicht hilfreiche Herangehensweise an Krankheit, Leiden oder auch Traumata.

Wenn wir uns Gesundheit und Krankheit als zwei Pole des Lebens vorstellen, ist es doch so, dass sie sich nie gegenseitig auslöschen können, dass in jeder Krankheit Aspekte von Gesundheit bleiben. Dies gilt auch für unheilbare und fortgeschrittene Stadien von Karzinomerkrankungen. Es ist eben nicht die gesamte Person erkrankt. Mit diesem Perspektivwechsel lässt sich auch therapeutisch arbeiten. Er ermöglicht Fragestellungen wie: Was lässt sich trotz all des Schweren dennoch Freudvolles erfahren? Was sind meine Fähigkeiten und Stärken, die ich auch trotz Einschränkungen einsetzen kann? Wofür bin ich dankbar und zufrieden, obwohl nicht alles gut ist und ich vielleicht gleichzeitig an einer chronischen Krankheit leide?

Die Orientierung an einem solchen Denken und Handeln setzt Kräfte frei, mobilisiert Ressourcen und hilft, das Leben trotz seiner Schwierigkeiten besser zu bewältigen. So entstehen Gestaltungsfreiräume, die bei einer auf Krankheit ausgerichteten Betrachtungsweise nicht vorkommen.

Vieles davon erlebte ich in meinem Elternhaus. Obwohl Schweres und Traumatisches im Leben meiner Eltern Spuren hinterlassen hat, dominiert bis heute

die Grundhaltung der Dankbarkeit! Diese spricht immer wieder aus den Lebens-
erinnerungen meines Vaters, die Sie im zweiten Teil dieses Buches finden.

In meiner alltäglichen Arbeit mit psychisch oder auch körperlich erkrankten Menschen mache ich die Erfahrung, dass Spielraum immer
dann entsteht, wenn der Blick auf die eigenen Ressourcen und Kompetenzen fällt, auf das, was schon bewältigt wurde und was deswegen
Mut macht, Schritte der Veränderung in Gegenwart und Zukunft zu
gehen. Ein Zitat eines Patienten verdeutlicht dies: »Wenn ich jetzt noch
einmal auf den Anfang der Therapie zurückschaue, stelle ich fest, wie
weit ich schon gekommen bin. Das war mir gar nicht bewusst. Gut,
dass wir noch einmal Bilanz gezogen haben, das macht mir Mut für die
nächsten Schritte. Jetzt weiß ich, dass ich diese schaffen werde.«

Was verhilft uns zu einer solchen Haltung? Welche Fähigkeiten benötigen wir dazu?

Zunächst bedarf es einer Offenheit für die Dinge und Menschen, die
mir begegnen. Die Blickrichtung muss sich von innen nach außen
richten, verbunden mit der Frage: Was braucht die gegenwärtige Situation von mir? Die vielen, vor allem jungen Menschen, die sich im
Frühsommer 2013 spontan zum freiwilligen Einsatz in den Flutgebie-
ten entschlossen, sind ein eindrucksvolles Beispiel für eine solche Haltung! Sie ließen sich nicht von der Frage leiten, was dabei für sie heraus-
springt, sondern welches Handeln die Situation erfordert. Wer in die
Gesichter dieser Helfer sah, dem war klar: Sie hatten etwas Sinnvolles
getan und damit unbeabsichtigt auch ihre seelische Gesundheit geför-
dert.

Darüber hinaus bedarf es der inneren und äußeren Flexibilität. Sicherlich kennen Sie Situationen, in denen Sie Pläne gemacht hatten
und das Leben Ihnen dazwischenkam: schnell noch einen Freund besuchen, doch das Auto springt nicht an. Das Essen soll um 13.00 Uhr
fertig sein, da kocht es über und ich muss von neuem beginnen.
Der Urlaub steht endlich vor der Tür und da erwischt mich diese
blöde Grippe. Die Liste ist unendlich fortsetzbar, weil das Leben genau
so ist! Man kann daran verzweifeln oder aber kreativ und flexibel
damit umgehen, was uns meist gelingt und worin sich seelische Gesundheit zeigt.

Wir benötigen dazu die Fähigkeit, einen Schritt zurückzutreten,
Abstand zu den eigenen momentanen Ideen und Plänen zu bekommen
oder belastende Gedanken, unangenehme Gefühle und störende Körperempfindungen zur Seite zu schieben und uns selbst nicht so wichtig
zu nehmen.

Man könnte es auch folgendermaßen formulieren: Momentan fühle ich mich vielleicht bedrückt, bin ärgerlich oder traurig über den Verlust von irgendetwas. Dennoch besitze ich die Fähigkeit, mich von diesem Gefühl abzuwenden und zum Beispiel mit einem Freund Geburtstag zu feiern. Es geht um dieses Dennoch, das über das Erleben von Sinn mit entscheidet!

Schließlich geht es um den Blick auf den anderen, den sprichwörtlichen »Blick über den eigenen Tellerrand«. Es geht darum, dass der andere mich anrührt, dass ich fähig bin, Mitgefühl zu entwickeln. Grundsätzlich sind wir alle dazu in der Lage. Die moderne Hirnforschung hat uns gezeigt, dass diese Fähigkeit unter anderem mit den Spiegelneuronen in Verbindung steht, über die wir alle verfügen, die wir allerdings benutzen müssen (wie alle Gehirnareale), damit sie »wie geschmiert« funktionieren!

Vermutlich kennen Sie alle dieses Spiegelphänomen, wenn Sie eine Ihnen nahestehende Person dabei beobachten, wie sie sich beispielsweise das Knie aufschürft und Sie im gleichen Moment voll Mitgefühl »Aua« schreien. Dieses Mitgefühl verdanken Sie Ihren Spiegelneuronen, die Ihnen vermitteln, was Ihr Gegenüber gerade erlebt.[9]

Mittlerweile gibt es Projekte, die sich für die Schulung dieses Einfühlungsvermögens starkmachen, weil viel davon abhängt, wie wir miteinander umgehen. Aus den USA stammt die folgende Idee: Eine Mutter besucht mit ihrem etwa sechsmonatigen Kind eine Grundschulklasse, die Kinder reagieren entzückt mit Zuwendung und liebevollen Gefühlen, sie dürfen das Kind dann auch auf den Arm nehmen. Dabei entsteht wie nebenbei Empathie, was manche Kinder vielleicht bisher wenig entwickeln konnten, und es hat nachweislich positive Auswirkungen auf das Sozialverhalten und die Aggressionsbereitschaft in der Klasse!

Hier wird auch deutlich, dass uns Menschen das Bedürfnis nach Verbundenheit innewohnt, Verbundenheit, die sich im Kontakt mit der Natur, mit Tieren, Pflanzen, Mitmenschen, ja sogar dem ganzen Universum ausdrücken kann. Auch das Tor zur Spiritualität ist an dieser Stelle aufgestoßen. Auf seine Bedeutung für seelische Gesundheit werden wir im letzten Kapitel eingehen.

Es ist wichtig, sich um solche Sinnerfahrungen in unserem Leben zu kümmern, sonst ergeht es uns damit ähnlich wie mit dem Durstgefühl, das wir vernachlässigen: Wir werden rasch schlapp und krank. In der gesellschaftlich sehr breit geführten Burnout-Diskussion klingen wichtige Teilaspekte hiervon an: zum Beispiel der durch Gestaltungsverlust, Arbeitsverdichtung und Globalisierung bedingte Sinnverlust im Arbeitsleben, der viele Menschen heute belastet und erschöpft!

Aus Frankls eigenem Schicksal lässt sich eindrucksvoll manches zu diesem Thema lernen.

Als Sohn jüdischer Eltern wurde er im März 1905 in Wien geboren; bereits mit drei Jahren habe er gewusst, dass er Arzt werden wollte. Ebenfalls früh beschäftigte er sich mit der Frage nach dem Sinn des Lebens angesichts der Wirklichkeit des Todes. Der Selbstmord eines Mitschülers, der mit einem Buch von Nietzsche in der Hand aufgefunden wird, stößt Frankl schon früh auf sein Lebensthema. Als Schüler der Mittelstufe beginnt er sich für die Psychoanalyse zu interessieren und tritt in Korrespondenz mit Sigmund Freud.

Bereits im Alter von neunzehn Jahren erscheint eine erste Veröffentlichung in der internationalen Zeitschrift für Psychoanalyse. Dennoch kehrt Frankl der Psychoanalyse bald enttäuscht den Rücken und fühlt sich von der Individualpsychologie Alfred Adlers angezogen. Weil er nicht linientreu genug ist, wird er schließlich von Adler selbst ausgeschlossen. Dadurch beginnt Frankl bereits Ende der Zwanzigerjahre des vergangenen Jahrhunderts, seine eigenen Gedanken stärker hervorzuheben und von Freud und Adler abzugrenzen. Er beschäftigt sich einerseits mit der Philosophie, andererseits mit sehr praktischen Aspekten. So organisiert er Jugendberatungsstellen, die sich für in Not geratene Jugendliche engagieren. Dies hat unter anderem den Erfolg, dass 1930 in Wien erstmals nach vielen Jahren kein einziger Schülerselbstmord nach der Zeugnisvergabe zu verzeichnen war. Zu der Zeit wird ihm deutlich, dass eine sinnvolle Aufgabe etwas ist, was Menschen motivieren und antreiben und somit letztlich gesund erhalten kann.

Frankl hatte bereits seine Gedanken und Überlegungen in Buchform gefasst, als er 1943 nach Auschwitz und von dort in drei weitere Konzentrationslager verschleppt wird. Als Einziger seiner gesamten Familie überlebt er. Er verliert seine Eltern, seinen Bruder und seine erste Ehefrau und beinahe auch sein eigenes Leben. Eindrucksvoll beschreibt er in seinem Buch »... trotzdem Ja zum Leben sagen« all diese Ereignisse und was ihn dennoch am Leben hielt. Frankl erzählt in diesem Zusammenhang von einem Trick, den wir aus heutiger Perspektive als geniale imaginative Fähigkeit beschreiben könnten: »Plötzlich sehe ich mich selber in einem hell erleuchteten, schönen und warmen, großen Vortragssaal am Rednerpult stehen, vor mir ein interessiert lauschendes Publikum in gemütlichen Polstersitzen – ich spreche; spreche und halte einen Vortrag über die Psychologie des Konzentrationslagers! Und all das, was mich so quält und unterdrückt, all das wird objektiviert und von einer höheren Warte der Wissenschaftlichkeit aus gesehen und geschildert.«[10]

Frankl überlebt nicht nur durch Glück, sondern auch, weil es ihm gelingt, selbst die schwierigsten Situationen noch zu gestalten. Er beweist damit eine Fähigkeit, die Antonovsky Jahrzehnte später als »Kohärenzgefühl« (siehe hierzu das folgende Kapitel) beschreiben wird. Trotz erheblicher Verluste und der Erfahrung des Konzentrationslagers verzweifelt Frankl nicht, auch deswegen nicht, weil er sich diesem Schicksal stellt und dessen Gestaltung als Lebensaufgabe begreift. Im Vorwort zu Frankls Buch schreibt Hans Weigel Folgendes: »Viktor Frankl hat gelebt, was er lehrt. Er kam aus der Hölle zurück in seine Vaterstadt, er hatte seine Eltern, seinen Bruder, seine Frau, er hatte alles verloren – doch er war frei von allen Impulsen zur Rache, der Vergeltung. Nur ganz Wenige, die aus den Lagern, aus dem Exil zurückkamen, waren wie er. Er war alsbald wieder, was er gewesen war: ein Wiener Arzt. Er leugnete, von Anfang an, die kollektive Schuld, er betonte immer wieder die positiven Ausnahmen von der unmenschlichen Regel. Er sah das Gute, dass ihm und manchen seinesgleichen geschehen war und überwand dadurch das vielfach Böse.«[11]

Zusammenfassend können wir von Frankl und seiner Logotherapie und Existenzanalyse heute Folgendes über seelische Gesundheit lernen: Es kommt darauf an, die Verantwortung für sein Schicksal in die eigenen Hände zu nehmen, die Position des Opferseins zu verlassen und somit das Leben als Gestaltungsaufgabe zu betrachten. Es geht um unsere Fähigkeit, aus dem Hamsterrad des Funktionierens auszusteigen und unsere Verbundenheit mit Mitmenschen, Umwelt und eventuell einer spirituellen Dimension aufzuspüren und zu leben. All dies sind Anleitungen zum Glücklichsein. Wir werden einiges hierüber in den folgenden Kapiteln ausführlicher wiederfinden, was Frankl bereits implizit mitgedacht hatte, und Sie werden in der Biografie meines Vaters immer wieder genau auf diese Fähigkeit des Handelns und Gestaltens treffen.

VERTIEFENDE FRAGEN UND ANREGUNGEN

Wenn Sie mögen, nehmen Sie sich etwas Zeit für sich und die Beantwortung der folgenden Fragen. Notieren Sie Ihre Antworten! Vielleicht mögen Sie auch mit Ihrem Partner beziehungsweise Ihrer Partnerin oder Freunden über Ihre Antworten ins Gespräch kommen.

Wo erlebe ich in meinem Handeln Sinn?

Von welchen Menschen und Dingen kann ich mich berühren lassen, so dass es in mir zu einem Gefühl von Erfülltsein und Stimmigkeit kommt?

Gab es in meiner Vergangenheit Schicksalhaftes, das ich trotz allem Leid als wichtig, vielleicht sogar sinnvoll erlebt habe?

Wo erlebe ich mich in meinem Leben herausgefordert und gefragt? Habe ich hier zu einer stimmigen Antwort für mich gefunden? Oder könnte es sich lohnen nach einer passenden Antwort Ausschau zu halten?

SALUTOGENESE – ÜBER DIE ENTSTEHUNG UND AUFRECHTERHALTUNG VON GESUNDHEIT

Nicht die Umstände bestimmen uns, sondern wir bestimmen unsere Umstände.
Johann Wolfgang von Goethe

Einstiegsfragen: Haben Sie schon einmal darüber nachgedacht, was Sie in schwierigen Phasen Ihres Lebens gesund erhalten hat, was dazu beigetragen hat, dass Sie durchgehalten und nicht aufgegeben haben? Gab es Situationen, in denen es Ihnen geholfen hat, trotz Schwierigkeiten am Ball zu bleiben?

Jeder kennt die winterlichen Erkältungswellen, da erkrankt der Arbeitskollege, der Partner, das eigene Kind, man selbst aber bleibt verschont. Dies hat nichts damit zu tun, dass man den Krankheitserregern geschickt ausgewichen wäre, verbreitet doch eine einzige Niesattacke alle Erreger weiträumig auf die jeweilige Umgebung. Und dann die umgekehrte Erfahrung: Endlich steht der ersehnte Urlaub vor der Tür, alle Kräfte wurden bis dahin mobilisiert, dann melden sich am ersten Urlaubstag Kopfschmerzen, Symptome einer Grippe oder Ähnliches. Womit hat das zu tun? Und: Haben wir womöglich Einfluss darauf? Können uns bestimmte Verhaltensweisen und Einstellungen helfen, mit unserem Leben besser zurechtzukommen und uns gesünder zu fühlen?

Aaron Antonovsky (1923–1994) stellte die einfache und doch gleichzeitig geniale Frage, warum Menschen trotz seelischer Belastung relativ gesund bleiben, und er suchte nach den Gründen hierfür. Die von ihm begründete Salutogenese beschäftigt sich also mit den Fragen der Entstehung und Erhaltung von Gesundheit. Was so selbstverständlich erscheint, ist es auf dem Hintergrund des gängigen medizinischen Weltbildes der vergangenen 150 Jahre keinesfalls. Bis heute kreist das medizinische Denken und Handeln um Krankheitsursachen und richtet alle Anstrengungen darauf, Ursachen von Erkrankung zu erkennen und Behandlungsmöglichkeiten hieraus abzuleiten.

Ein typisches Beispiel hierfür sind die Infektionskrankheiten, die durch Bakterien oder Viren verursacht werden. Allerdings erklärt die Anwesenheit von Viren oder Bakterien noch lange nicht hinreichend eine Erkrankung. Jeder kennt wohl aus eigener Erfahrung die schon erwähnte Tatsache, dass bei einem grippalen Infekt in den Wintermonaten ein Familienmitglied erkrankt, während die anderen gesund bleiben. Dies liegt an unserem jeweiligen Immunsystem. Ein relativ neuer Wissenschaftszweig, die Psychoimmunologie, beschäftigt sich heute ausführlich mit diesen Zusammenhängen.

Darüber hinaus gilt seit Beginn des 19. Jahrhunderts, entstanden unter dem Einfluss naturwissenschaftlichen Denkens, ein biomedizinisches Krankheitsmodell, das den Körper als Maschine begreift und auf dieser Grundlage davon ausgeht, Funktionen und Funktionsstörungen zu »reparieren«. Letztlich werden organische Defekte als ursächlich betrachtet, ihr Erkennen gilt gleichzeitig als Behandlungspfad. Dass diese Sichtweise einseitig und nicht selten auch von Misserfolg geprägt ist, wird jedem dann bewusst, wenn er sich mit Chronifizierungsprozessen von Krankheit beschäftigt, die häufig sind. Die sogenannten Volkskrankheiten zeugen hiervon. Eine Blutzuckererkrankung lässt sich eben nicht nur mit der richtigen Ernährung, mit Insulin oder anderen Medikamenten ausreichend behandeln, sondern es bedarf der Auseinandersetzung damit, eine meist lebenslange Erkrankung zu haben, dem Hadern mit dieser Tatsache und schließlich der Akzeptanz. Wer diesen mühevollen Prozess nicht durchlaufen hat, kümmert sich meist nicht sorgsam um sich, neigt eher dazu, Medikamente nicht zu nehmen oder eine wichtige Vorsorgeuntersuchung zu »vergessen«.

Schließlich betrifft eine chronische Erkrankung wie Diabetes die unmittelbare Umgebung sehr direkt, die Nahrungsumstellung geht mit veränderten Essgewohnheiten einher, die für die ganze Familie bedeutsam sind. Immer wieder erzählen mir Patienten, dass sie es mit der Ernährung nicht so ernst genommen haben, weil es der Familie nicht mehr schmeckte und die sich nicht umzustellen bereit war. Der Beziehungsaspekt von Krankheit wird daran sehr deutlich.

Diese Betrachtungsweise von Krankheit nennt man biopsychosozial, sie geht davon aus, dass körperliche und seelische Erkrankungen gleichermaßen auf den drei Ebenen von Körper, Geist-Seele und sozialem Eingebundensein angesiedelt sind. Wenden wir uns nochmals dem harmlosen grippalen Infekt in den Wintermonaten zu, der mit Gliederschmerzen, Fieber, Husten und Schnupfen einhergeht, so wird sehr schnell deutlich, dass auch die Befindlichkeit berührt ist – ich fühle mich unausgeglichen, vielleicht gereizt, matt und müde. Und selbst die sozialen Bezugssysteme werden involviert. Muss ich beispielsweise wegen Erschöpfung und Fieber im Bett bleiben, so muss das Familienleben und auch das Arbeitsleben unter Zuhilfenahme der vorhandenen Beziehungen anders organisiert werden. Im Rahmen akuter Erkrankungen spielt das eine untergeordnete Rolle und wird in der Regel selbstverständlich geleistet. Werden Krankheiten allerdings chronisch, stellt sich sehr häufig ein deutlich anderes Beziehungsgefüge dar, was von Unverständnis, Rückzug oder gar Ablehnung geprägt sein kann. Spätestens hier wird deutlich, dass die biopsychosoziale Betrachtungsweise sehr viel umfassender und meines Erachtens auch behandlungsrelevanter ist, wie wir das am Beispiel der Blutzuckererkrankung bereits gesehen haben.

Im Rahmen der Gesundheitsförderung und Prävention lassen sich zwei unterschiedliche Perspektiven einnehmen. Das Risikofaktorenmodell fokussiert auf deren Vermeidung, während das Konzept der Gesundheitsförderung mehr die Stärkung von Kompetenzen, Eigenverantwortlichkeit und Selbsthilfe in den Mittelpunkt stellt. Wir wissen heute, dass Kampagnen, die Angst machen, in der Regel wenig nutzen. Abschreckende Bilder auf Zigarettenpackungen werden als das Schicksal anderer betrachtet und als nicht für mich bedeutsam bewertet. Hilfreicher sind vielmehr Anregungen zu mehr Bewegung, ohne gleich Sport machen zu müssen: den Weg zum Bäcker zu Fuß zu gehen, eine Station früher aus der Straßenbahn auszusteigen, um den Rest mit eigener Muskelkraft zurückzulegen, oder ein regelmäßiger Spaziergang mit Freunden. Dabei wächst die Wahrscheinlichkeit, zum Beispiel weniger zu rauchen, ganz von selbst. Es geht um mehr Gesundheit und nicht um weniger Krankmachendes! Dies ist für unser Motivationssystem von entscheidender Bedeutung!

Die Entwicklung der salutogenetischen Betrachtungsweise lässt sich hier ansiedeln. Antonovsky stieß eher zufällig auf sie, indem er als Medizinsoziologe eine Untersuchung an Frauen auswertete, die aus verschiedenen ethnischen Gruppen stammten und den Geburtsjahrgängen 1914 bis 1923 angehörten. Es ging um die Auswirkungen von Wechseljahresbeschwerden. Unter diesen Frauen fanden sich viele Überlebende von Konzentrationslagern. Erstaunt stellte Antonovsky fest, dass immerhin 29 Prozent der inhaftierten Frauen über eine relativ stabile psychische Gesundheit trotz traumatischer Erlebnisse verfügten. Das wollte er verstehen und so begann er sich mit Persönlichkeitseigenschaften und Ressourcen zu beschäftigen, die diese Menschen auszeichneten.

Es ist erstaunlich, dass wir alle diese Ressourcen nutzen können, vor allem um mit Stress besser umzugehen! Zunächst geht es um ein Gefühl von »Verstehbarkeit«, das inneren und äußeren Stress zu ordnen und strukturieren hilft. Das schafft inneren Abstand und entlastet.

Jeder kennt das aus vielen Erfahrungen des Alltags. Wenn ich beispielsweise auf der Untersuchungsliege des Zahnarztes angespannt den Mund öffne, fällt es mir wesentlich leichter das Geräusch des Bohrers und sein Hantieren in meinem Mund zu ertragen, wenn ich die Bedeutung dieser Handlung verstehe, wenn ich also in diesem Falle weiß, dass es darum geht, ein schmerzhaftes Loch zu reparieren.

Kinder leben davon, dass sie die Welt verstehen und begreifen wollen. Wer kennt nicht ihre berühmten »Warum-Fragen«, die uns Erwachsene manchmal wie Plagen verfolgen. Aber nur dann, wenn sie zufriedenstellende Antworten erhalten, hören sie auf.

Verstehen, was die Welt im Innersten zusammenhält, darum ist es der Menschheit schon immer gegangen. Fehlt dieses Verstehen, fehlen auch Zustimmung und Einverständnis. Dies ist, so wissen wir heute, ein wesentlicher Grund dafür, warum viele gut gemeinte Ratschläge von Ärzten nicht befolgt werden. Wenn ich nicht verstehe, warum ich Medikamente einnehmen soll, die auch Nebenwirkungen mit sich bringen, lasse ich sie lieber ganz weg. Der Weg zu mehr Gesundheit führt also über ein besseres Verstehen.

In unserer Gruppentherapie für Menschen mit schwerer Traumatisierung erklären wir viele Zusammenhänge. So weisen wir beispielsweise darauf hin, dass Traumatisierung einem »die Sprache verschlagen« kann, weil das Sprachzentrum unseres Gehirns im Moment von Traumatisierung sozusagen stumm geschaltet ist. Das Gehirn ist mit Wichtigerem beschäftigt, als die passenden Worte zu finden. Dies allerdings hat zur Folge, dass viele Menschen mit einschneidenden Traumatisierungen darüber nur vage und ungenau berichten können, was ihnen häufig genug zum Verhängnis wird, weil man dadurch ihre Glaubwürdigkeit in Frage stellt, obwohl sie in diesem Moment gerade am meisten bräuchten, verstanden zu werden. Dabei ist Sprachlosigkeit ob des erlittenen Schreckens vielmehr ein wichtiger Hinweis darauf, dass Traumatisierung stattgefunden hat. Regelmäßig reagieren unsere Patientinnen und Patienten auf diese Information mit Erleichterung und Staunen, plötzlich fühlen sie sich verstanden und können sich selbst besser verstehen. Ihr bisher als eigentümlich erlebtes Verhalten, das oftmals zu Rückzug geführt hat, erscheint nun in einem anderen Licht. Gleichzeitig entsteht dadurch ein Gefühl dafür, dass Veränderung möglich ist.

Sie können also einen wichtigen Schritt in Richtung Gesundheit tun, wenn Sie sich und Ihre Beschwerden sowie die Empfehlungen anderer besser verstehen lernen und sich dafür interessieren, welche Bedeutung etwas für Sie hat!

Zweitens ist ein Gefühl von Handhabbarkeit oder Bewältigbarkeit vonnöten, das mit der Grundüberzeugung verbunden ist, Schwierigkeiten zu meistern. Dafür benötigen Sie einen Werkzeugkoffer von Fertigkeiten, auf den Sie immer wieder zurückgreifen können. Viele Menschen glauben, dass ihnen nur wenige Kompetenzen zur Verfügung stehen. Diese Sichtweise hat Folgen. Ihnen geht es wie dem Mann, der nur einen Hammer zu Verfügung hat und deswegen entweder überall nur Nägel sieht oder in seiner Umgebung unaufhörlich nach Nägeln Ausschau hält. Dabei verfügt jeder Mensch über ein wesentlich umfassenderes Handwerkszeug, nur ist es vielen nicht bewusst.

In der bereits erwähnten Gruppentherapie für traumatisierte Menschen beschäftigen wir uns regelmäßig mit der Frage nach persönlichen Ressourcen. Hier treffen wir immer wieder auf die Sichtweise, dass diese Ressourcen nicht vorhanden seien. Als eine Patientin wieder einmal genau dies betonte, unterbrach sie eine andere Mitpatientin mit dem Hinweis darauf, dass das ja nicht stimmen könne, denn gerade gestern habe sie beobachtet, mit welch einer Liebe und Hingabe sich die besagte Patientin mit ihrem Hund beschäftigt habe. Daraufhin huschte ein sehr vorsichtiges Lächeln über deren Gesicht.

Diese Erfahrung ist typisch für uns Menschen. Über Misserfolge, kleine Unstimmigkeiten und Animositäten vermögen wir spontan und rasch zu berichten, wohingegen wir über gelungene Momente, Erfahrungen von Fähigkeiten, Stärken und Ressourcen und Aspekten von Dankbarkeit nur nach längerem Nachdenken und manchmal auch gar nicht erzählen können. Vermutlich hat auch das etwas mit unserer Evolution zu tun, war es doch notwendig, aus Schwierigkeiten und Fehlschlägen rasch zu lernen, mögliche Gefahren in noch so unscheinbaren Kleinigkeiten zu entdecken, um damit die Wahrscheinlichkeit des Überlebens zu erhöhen. Heute allerdings benötigen wir mehr denn je die umgekehrte Blickrichtung, die Perspektive auf unsere Fähigkeiten und Stärken!

Aus Sicht der Salutogenese geht es also darum, unseren Werkzeugkoffer zu füllen beziehungsweise seinen Inhalt auszuleuchten, um all die Werkzeuge zu entdecken, die sich scheinbar nutzlos am Boden des Koffers befinden.

Auch eine spirituelle Grundüberzeugung gehört in diesen Bereich, weil sie von Menschen als Unterstützungspotential genutzt und erlebt wird. So kann es sein, dass für jemanden eine Schwierigkeit zur Herausforderung wird, das Beste aus sich herauszuholen, oder als Wink des Schicksals, sich mit dieser Thematik ausführlicher zu beschäftigen. Dass eine derartige Bewertung eine Situation wesentlich ändert, ist verständlich.

Schließlich hilft uns ein Gefühl von Sinnhaftigkeit oder Bedeutsamkeit dabei, Probleme und Anforderungen anzupacken und als eher willkommene Herausforderung denn als Last anzusehen. Vereinfacht lässt sich das mit der Frage beschreiben: Erscheinen mir diese Situation und mein Handeln jetzt sinnvoll? Lohnt sich mein Einsatz? Im letzten Kapitel haben wir uns bereits damit beschäftigt, wie Sinnerfahrung möglich ist und welche Voraussetzungen hierfür bestehen.

Eine Patientin litt seit über zwanzig Jahren an einer Depression, die begonnen hatte, als ihr Vater sich kurz nach der Geburt ihres ersten Kindes umgebracht hatte. Die Mutter war wenige Jahre zuvor an Krebs verstorben. Nun stand sie mit ihrem Neugeborenen alleine da, sie hätte die Unterstützung, die Ratschläge und Erfahrungen der Eltern so sehr gebraucht. Verzweiflung machte sich breit trotz der liebevollen Unterstützung ihres Mannes, der ihren Schmerz nicht zu lindern vermochte. Da auf einmal wurde ihr klar, wofür sie ihre Kräfte zu bündeln hatte, sie wollte eine gute Mutter für ihr Kind werden, sie wollte es beschützen und ins Leben begleiten. Dieser Entschluss verlieh ihr Kraft und Energie, die schwierige Zeit der Trauer und Verlassenheit zu bewältigen.

Wenn diese drei Grunderfahrungen von Verstehbarkeit, Bewältigbarkeit und Sinnhaftigkeit vorhanden sind, erleben wir ein Gefühl von Stimmigkeit oder Zustimmung zu der jeweiligen Situation und damit zum Leben als Ganzem.

Anders gesagt bedeutet das: Vertrauen ins Leben entsteht durch den eher kognitiven Aspekt des Verstehens, den handlungspraktischen Aspekt der Bewältigungskompetenzen und den gefühlsmäßigen Aspekt, dass der Einsatz sich lohnt, weil er mir sinnvoll erscheint.

Sicherlich kennen Sie solche Erfahrungen, die sich einfach gut anfühlen. Die neurobiologischen Erkenntnisse der letzten zwanzig Jahre haben hierzu unterschiedliche Konzepte entwickelt, eines der bekanntesten sind die bereits erwähnten »somatischen Marker« von Damasio oder allgemeinverständlicher formuliert unser »Bauchgefühl«. Wir können auf diese wichtigen Gefühle in uns hören lernen. Es lohnt sich!

Zusammenfassend lässt sich die salutogenetische Betrachtungsweise in einer Metapher beschreiben, die Antonovsky selbst wählt. Er beschreibt das Leben als einen Fluss, der mal freundlich dahinfließt, ein anderes Mal gefährliche Strudel und unkalkulierbare Stromschnellen aufweist. Als Mensch findet man sich mitten in diesem Fluss, droht manchmal unterzugehen, mitgerissen zu werden, nach Luft zu schnappen oder aber sich genussvoll vom Wasser tragen zu lassen, mit oder gegen den Strom zu schwimmen. Eine defizitorientierte Betrachtungsweise würde sich mit der Frage beschäftigen, an welcher Stelle man am schnellsten ertrinkt und warum das so ist. Aus salutogenetischer Sicht erfolgt hingegen der Blick auf die Ressourcen. Die Frage lautet: Wie wird man ein guter Schwimmer? Wie kommt man mit den Herausforderungen des Lebensflusses am besten zurecht? Und wie und wo kann man sich vom Wasser tragen lassen und genießen, wo liegen die schönsten Badebuchten?[12]

Es geht um die Kunst des Schwimmens, um die unterschiedlichen Stile, sich im Wasser zu bewegen, mal genussvoll, mal unter Aufwendung aller zu Verfügung stehenden Kräfte. Es geht darum, von anderen Schwimmern zu lernen und dennoch eigene Erfahrungen zu machen. Dabei helfen mir theoretische Kenntnisse über die Fortbewegung im Wasser und gleichzeitig benötige ich die eigene Erfahrung, ohne die ich niemals weiß, wie sich Schwimmen anfühlt. Und nicht zuletzt brauche ich das Gefühl, dass Schwimmen sinnvoller ist, als unterzugehen. Hiermit können zahlreiche Glückserfahrungen verbunden sein.

Wenn wir auf die Geschichte meines Vaters schauen, finden wir viele dieser Elemente: heftige Stromschnellen und Strudel, an denen man scheitern könnte, sind Krieg, Vertreibung, Flucht, Trennung vom Vater, Tod der Schwester und schließlich der Mutter, um nur einige zu nennen. Sie machten aus ihm allerdings eher einen Rettungsschwimmer, der andere bis heute darin unterstützt, nicht unterzugehen, sondern an sich und ihre Fähigkeiten zu glauben. Die Bewältigung von Verlusten und Todeserfahrungen ließen ihn Kompetenzen entwickeln, die er später als Pastor in der Trauer- und Sterbebegleitung benötigte und die häufig jenseits von Worten lagen. Zu einem guten Schwimmer wurde er deshalb, weil er sich Unterstützung holte durch Menschen, spirituelle Orientierung, Literatur und Musik.

VERTIEFENDE FRAGEN UND ANREGUNGEN

Wenn Sie mögen, nehmen Sie sich etwas Zeit für sich und die Beantwortung der folgenden Fragen. Notieren Sie Ihre Antworten! Vielleicht mögen Sie auch mit Ihrem Partner beziehungsweise Ihrer Partnerin oder Freunden über Ihre Antworten ins Gespräch kommen.

Wo in Ihrem Leben erfahren Sie sich als Handelnder und Gestalter Ihrer Umstände?

Welche Fähigkeiten haben Sie in Ihrem Leben bisher zu einem »guten Schwimmer gemacht«, was beherrschen Sie besonders gut, wo sind Sie in Ihrem Element? Woran merken Sie es selbst und woran merken es andere?

Kennen Sie Einschränkungen in Ihrem Leben, aus denen Sie trotzdem etwas gemacht haben? Woran bemerken Sie das? Woran merken das andere?

Was hilft Ihnen, Ihr Erleben und Handeln besser zu verstehen?

Wo im Körper spüren Sie Ihr »Kohärenzgefühl«, Ihr Gefühl von Stimmigkeit und Zustimmung? Würde sich etwas ändern, wenn Sie es häufiger wahrnehmen würden?

QUANTENPHYSIK UND HYPNOTHERAPIE – WIE WIR UNSERE WIRKLICHKEIT BEEINFLUSSEN KÖNNEN

Wir sind, was wir denken. Alles, was wir sind, entsteht aus unseren
Gedanken. Mit unseren Gedanken formen wir die Welt.
Buddha

Einstiegsfragen: Haben Sie schon einmal die Erfahrung gemacht, dass
sich Ihre Befürchtungen bewahrheitet haben? Und vielleicht genau
anders herum, dass sich Ihre Hoffnung durchgesetzt hat? Haben Sie
schon einmal bemerkt, dass Ihre Einstellung die Dinge ganz erstaunlich beeinflussen kann?

»Gegen Ende der Fünfzigerjahre brach in der Stadt Seattle eine merk-
würdige Epidemie aus. Immer mehr Autobesitzer mussten feststellen,
dass ihre Windschutzscheiben von kleinen pocken- oder kraterähnli-
chen Kratzern übersät waren. Die Phänomene nahmen so rasch über-
hand, dass eine Gruppe Sachverständiger des Bundeseichamtes zur
Aufklärung des Rätsels nach Seattle entsandt wurde.

Unter den Einwohnern der Stadt gab es zwei Theorien über die
Windschutzscheiben. Die Anhänger der sogenannten Fallout-Theorie
gingen davon aus, dass kürzlich abgehaltene russische Atomtests die
Atmosphäre verseucht hatten und der dadurch erzeugte radioaktive
Niederschlag sich in Seattles feuchtem Klima in einen glasätzenden
Tau verwandelt hatte.

Die Asphalttheoretiker dagegen waren davon überzeugt, dass auf
den langen Strecken der neuen, frisch asphaltierten Autobahnen wiederum unter dem Einfluss der sehr feuchten Atmosphäre Seattles Säure-
tröpfchen gegen die bisher unversehrten Windschutzscheiben spritzten.

Nun das Erstaunliche: Die Sachverständigen fanden bei ihrer Untersuchung heraus, dass es überhaupt keine Zunahme an zerkratzten

Windschutzscheiben gab! Vielmehr war es so, dass immer mehr Auto-
fahrer ihre Wagen untersuchten, nachdem sich die Berichte über
pockennarbige Windschutzscheiben gehäuft hatten. Die meisten taten
dies, indem sie sich außen über die Scheiben beugten und sie aus
kürzester Entfernung prüften, statt wie bisher von innen aus dem gewohnten Abstand und Winkel durch die Scheiben zu sehen. Bei diesem
ungewöhnlichen Blickwinkel hoben sich die Kratzer klar ab, die üblicherweise bei einem in Gebrauch stehenden Wagen vorhanden sind.
Was sich in Seattle abgespielt hatte, war keine Epidemie beschädigter,
sondern angestarrter Windschutzscheiben.«[13]

Vielleicht haben Sie selbst schon einmal etwas Ähnliches beobachtet:
Sie sitzen in einer Vorstellungsrunde eines Wochenendseminars, die
Teilnehmer kennen einander nicht. Man stellt sich mit seinen Wün-
schen und Erwartungen vor, nennt seinen Namen und seinen Beruf.
Da erzählt die nächste Person im Kreis nebenbei von ihren drei Kindern, nun plötzlich ändert sich der Inhalt der weiteren Vorstellungen,
wie auf eine Regieanweisung aus dem Off erzählen die nun folgenden
Teilnehmer von ihren Kindern oder dass sie kinderlos sind. Dieses
Phänomen heißt »Aufmerksamkeitsfokussierung« und hat sehr viel
mit dem Inhalt dieses Kapitels zu tun.
    »Menschen wie wir, die an die Physik glauben, wissen, dass der Un-
terschied zwischen Vergangenheit, Gegenwart und Zukunft nur eine
hartnäckig aufrechterhaltene Illusion ist.« Dieses Zitat stammt nicht
etwa aus der Feder eines abgehobenen Esoterikers, es sind Worte von
Albert Einstein, die er nach dem Tod seines langjährigen Freundes
Michele Besso an dessen Familie schrieb.
    Vielleicht werden Sie, liebe Leserin und lieber Leser, jetzt verwun-
dert fragen, was das denn mit seelischer Gesundheit zu tun hat und was
überhaupt die Quantenphysik im medizinisch-psychologischen Ge-
sundheits-und Krankheitsbereich zu suchen hat. Dieser berechtigten
und gleichzeitig spannenden Frage möchte ich im folgenden Kapitel
nachgehen.
    In der klassischen Physik geht man von dem aus, was uns der ge-
sunde Menschenverstand als anscheinend logisch und nicht fragwür
dig erscheinen lässt, dass nämlich die wahrgenommene Wirklichkeit
auch tatsächlich so und nicht anders existiert. Aus Sicht der klassischen
Physik bewegen wir uns kontinuierlich im Koordinatensystem des
dreidimensionalen Raumes und der Zeit, und wir gehen davon aus,
dass ein Ding jeweils nur an einem Ort und nicht an unterschiedlichen
Orten gleichzeitig aufzufinden sein kann.

Das berühmte Doppelspaltexperiment, das 1802 vom Arzt Thomas Young zum ersten Mal durchgeführt wurde, stellt diese Sichtweise in Frage und markiert vermutlich die Geburtsstunde der Quantenphysik, auch wenn deren eigentlicher Beginn erst später dokumentiert werden wird. Je nach Versuchsanordnung verhält sich Licht entweder als Welle oder als Teilchen. Die Quantenphysik fand heraus, dass letztlich der Beobachter das Ergebnis dessen, was er sieht, mitbestimmt.

Der Kardiologe und Nahtod-Forscher Pim van Lommel fasst das folgendermaßen zusammen: »Unsere Gedanken und Gefühle entscheiden mit darüber, wie das Universum funktioniert, und damit auch darüber, wie wir das Universum wahrnehmen. Die Art unseres Denkens hat physische Auswirkungen auf das, was wir wahrnehmen.« [14]

Wenn man einer Person unter Hypnose erklärt, sie mit einem sehr heißen Gegenstand zu berühren, bilden sich Brandblasen auf ihrer Haut, auch wenn man sie zum Beispiel nur mit einem Bleistift berührt hat. Nicht nur unter Hypnose zeigt sich diese Beeinflussbarkeit unseres Bewusstseins, das wissenschaftlich gut belegte Phänomen der selbsterfüllenden Prophezeiung greift genau das auf, wovon die Quantenphysik spricht. Hierzu sei auf ein Experiment verwiesen, in dem Frauen ein Placebo verabreicht bekamen, in der Annahme das männliche Sexualhormon Testosteron zu erhalten. Sie teilten die Auffassung, dass Männer mehr in Konkurrenz zu anderen stehen und sich entsprechend verhalten. Im anschließenden Versuch verhielten sie sich entsprechend ihrer eigenen Überzeugung weniger fair und kooperativ! [15] Die eigene Überzeugung hatte sich bewahrheitet ganz ohne die Wirkung einer Substanz.

Umso mehr kommt es für unser aller Gesundheit darauf an, welcher Sichtweise wir folgen! Auf sie haben wir Einfluss, den es zu nutzen gilt! Genau damit beschäftigt sich die Hypnotherapie, nämlich wie wir Gewünschtes besser erreichen. Ihr Begründer Milton Erickson erlebte dies am eigenen Leib, als er sterbenskrank war.

Als Siebzehnjähriger war er derart schwer an Kinderlähmung erkrankt, dass die Ärzte ihn aufgegeben hatten. Er belauschte ein Gespräch eines Arztes mit seiner Mutter, bei dem dieser der Mutter mitteilte, dass ihr Sohn das Morgenlicht nicht mehr erblicken würde. Diese Mitteilung mobilisierte in dem jungen Milton den unbändigen Willen, genau dies zu erreichen, und er tat das, indem er die gesamte Nacht die aufgehende Sonne imaginierte. Als diese dann tatsächlich am nächsten Morgen aufzugehen begann, fiel Erickson in ein Koma, aus dem er dann deutlich gestärkt wiedererwachte. Er hatte seine Krankheit überwunden, fortan ging es mit seiner Gesundheit bergauf.

Soweit mir bekannt, erkrankte Erickson tragischerweise ein zweites Mal an Kinderlähmung, nach erneuter Genesung blieben häufig wiederkehrende Schmerzzustände zurück. Betrachtet man die Fotos, die Erickson im Kreise seiner Familie oder Schüler zeigen, wird nichts von einem schmerzgeplagten Menschen erkennbar, vielmehr zeigen sie ihn auf eine oft verschmitzte, lebendige Art und Weise.[16]

Es geht um die Richtung, die wir unserer Aufmerksamkeit geben, weil das den inneren Energiefluss und damit unser Wohlgefühl bestimmt. Vielfältige Forschung und insbesondere die Erkenntnisse der modernen Neurobiologie haben genau dies bestätigt: Wir nehmen jeweils genau das wahr, was in unserem Bewusstseinsfokus liegt. Wir alle kennen dieses Phänomen aus dem Alltag: Haben wir uns nach langem Suchen endlich einen neuen blauen Golf gekauft, sind wir dem Anschein nach von diesen Autos umgeben, überall begegnen sie uns: Ähnlich kann es einer Frau ergehen, die gerne schwanger werden möchte, plötzlich fühlt sie sich umgeben von schwangeren Frauen oder Müttern mit Kleinkindern! Diese Phänomene haben nichts damit zu tun, dass es tatsächlich zu einer wunderbaren Vermehrung von blauen Golffahrzeugen oder schwangeren Frauen gekommen wäre, sondern schlicht mit unserer selektiven Aufmerksamkeit.

Wer hiervon nicht überzeugt ist, dem sei ein kleines Experiment vorgeschlagen. Lesen Sie dazu zunächst nicht weiter, sondern suchen Sie die Internetseite www.theinvisiblegorilla.com auf und folgen Sie den dortigen Instruktionen. ... Und? ... Was haben Sie erlebt?

In diesem kleinen Experiment wird der Zuschauer gebeten, die Ballkontakte der in Weiß spielenden Mannschaft zu zählen. Die Aufmerksamkeit des Betrachters richtet sich also genau auf diese Aufgabe. Am Ende dieses vielleicht zehn bis zwölf Sekunden dauernden Videos wird einerseits nach der Antwort auf die gestellte Frage gefragt, gleichzeitig wird danach gefragt, ob man einen Gorilla durch das Bild hat laufen sehen. Etwa die Hälfte der Betrachter verneint dies. Vielmehr sind sie erstaunt und ungläubig, dass ihnen so etwas entgangen sein sollte. Beim zweiten Betrachten des Videos nehmen in der Regel dann alle Betrachter den Gorilla wahr, weil sie ihre Aufmerksamkeit genau darauf gerichtet haben.

Dieses kleine Experiment hat immense Bedeutung für unseren Alltag. Wenn die Art unserer Wahrnehmung unser Erleben bestimmt, dann kommt alles darauf an, wohin wir unseren Bewusstseinsscheinwerfer richten! Genauso entscheidend ist, wie wir das tun! Milton Erickson war ein Meister darin, Probleme als Kompetenzen zu betrachten und damit seinem Gegenüber neue, ungeahnte Handlungsspielräume zu ermöglichen. Wenn ich mich mit einer **gewünschten Zukunftsperspektive** beschäftige, so die Erkenntnis der modernen Hirnforschung, dann kann mein Gehirn gar nicht anders, als Bilder und damit auch Gefühle, Handlungsimpulse und Körperempfindungen davon zu entwerfen. Die berühmte Wunderfrage der lösungsorientierten Psychotherapie zielt darauf ab: Angenommen, über Nacht wäre das Wunder passiert und Ihre Probleme wären verschwunden: Woran würden Sie das morgens am ehesten merken, woran Ihr Partner, Ihre Kinder oder Nachbarn, und was wäre dann Ihre Reaktion darauf? Wie sähe der erste Vormittag völligen Wohlbefindens aus?

Wenn Sie sich auf diese verständlicherweise ungewohnte Art der Fragestellung einlassen, können Sie und Ihr Gehirn gar nicht anders, als Bilder des Gelingens, des Wohlgefühls zu imaginieren. Und vielleicht werden Sie dann auch die erstaunliche Feststellung machen, dass Sie selbst sich anders, nämlich lebendiger, fühlen.

Unser Gehirn spricht auf Bilder wesentlich besser an als auf Sprache allein. Deswegen ist der Einsatz von Metaphern, von Sprachbildern, so hilfreich. Sie reduzieren Komplexität und aktivieren dennoch vielfältige nützliche Netzwerke unseres Gehirns.

Ein Patient erzählte mir wutentbrannt, dass er mit dem Verhalten und der Einstellung seiner Frau nicht mehr zurechtkäme. Sie nähme die Dinge gelassener und verhalte sich auch gegenüber den Kindern großzügiger. Er hingegen habe sich mit Erziehungsratgebern beschäftigt und wisse nur zu gut, welches Verhalten mit welcher Konsequenz zu beantworten sei. Je älter die Kinder würden, desto weniger könne man sich in Erziehungsfragen einigen, dabei sei dies doch die Grundlage eines erfolgreichen Familienlebens. Im weiteren Gespräch erfahre ich, dass es durchaus viele Gemeinsamkeiten in Partnerschaft und Familie gebe, dass die aktuellen Erziehungsdifferenzen die Partnerschaft in letzter Zeit allerdings erheblich belastet und sogar schon Trennungsideen aufgetaucht sind.

Ich führe an dieser Stelle des Gesprächs die Metapher des Orchesters ein und erkläre meinem Patienten, wie grauenhaft ein Orchester klingen würde, würden alle das Gleiche spielen. Niemand würde sich für eine solche Gleichmacherei interessieren, das Ergebnis wäre ein leerer Konzertsaal! Das Gleiche würde passieren, wenn das Orchester von einem Instrument allein bestimmt würde. Es ist doch gerade die Unterschiedlichkeit der verschiedenen Instrumente, die die Faszination eines Orchesterkonzertes ausmachen. Es kommt allerdings darauf an, dass diese Instrumente ein gemeinsames Ziel verfolgen.

In der darauffolgenden Woche berichtet mein Patient, dass ihn das Bild nicht mehr losgelassen habe. Er habe auch mit seiner Frau darüber gesprochen und erstmals seit langem sei man sich in Erziehungsfragen wieder nähergekommen.

Er habe begonnen zu verstehen, welche Ziele sie verfolge, gleichzeitig habe er seine Sichtweise erklären können.

Noch leichter als über Metaphern können wir uns dieses Potential über unsere Körperhaltung erschließen, da diese am leichtesten bewusst beeinflussbar ist. Und sie ist von großer Bedeutung, weil nicht nur unsere Haltung unsere Gefühle widerspiegelt, sondern auch umgekehrt unsere Gefühle unserer Körperhaltung folgen. Wenn ich zum Beispiel mit einer Haltung von Erfolg und Stolz auftrete, ist die Wahrscheinlichkeit sehr groß, diese Gefühle auch zu erleben und tatsächlich erfolgreicher zu sein! Sie können ja einmal für sich das Experiment wagen, so durch den Tag zu gehen, als ob Sie ein wunderbares Geschenk für Ihre Umwelt sind! Ähnlich wie ein erfolgreicher Sportler, der glücklich die Zielgerade überquert! Vielleicht finden Sie auch ganz andere Bilder, die viel besser zu Ihnen passen. Auf alle Fälle gilt auch: Mit einer entsprechenden Körperhaltung, verbunden mit einem passenden inneren Bild, werden zahlreiche neuronale Netzwerke aktiviert, die genau mit dem zu tun haben, was Sie erreichen wollen! Sie kennen sicherlich den Unterschied einer gebeugten gegenüber einer aufrechten Haltung. Sie können so durch Ihre Körperhaltung Ihr Wohlbefinden und Ihre Gesundheit positiv beeinflussen. Versuchen Sie es doch einfach einmal!

Und dann hängt vieles davon ab, wie Sie es betrachten, beschreiben, bewerten, weitererzählen oder erklären. Erst dabei entscheidet sich, ob etwas zu einem Problem oder zu einer Herausforderung, vielleicht aber auch zu einem unabänderlichen Tatbestand, den es zu akzeptieren gilt, wird! Und schon entsteht wieder Handlungsspielraum, denn auf all die genannten Dinge haben Sie Einfluss! Nicht immer handelt es sich dabei um die erstbeste Lösung des Veränderkönnens, manchmal entsteht der Handlungsspielraum in der Zuwendung zur zweitbesten Lösung. Diese liegt dann darin, mit den Umständen auf eine andere Weise als bisher umzugehen.

Aus Sicht der Quantenphysik und Hypnotherapie hängt unser Erleben also ganz wesentlich davon ab, **worauf** wir unsere Aufmerksamkeit richten und **wie** wir dies tun. Dies bezieht sich auf Vergangenes, Gegenwärtiges und Zukünftiges, auch hier entscheidet unsere Sicht der Dinge über unser Erleben frei nach dem gleichnamigen Buchtitel »Es ist nie zu spät, eine glückliche Kindheit zu haben«[17]. Der Handlungsspielraum wächst, je konsequenter es uns gelingt, diese Sichtweise in den Alltag zu übersetzen! Mit Sicherheit werden wir dabei so manche Glücksmomente erleben, die uns sonst verborgen blieben!

Schauen wir erneut auf die Biografie meines Vaters, so stoßen wir immer wieder auf den Blickwinkel der Dankbarkeit. In allen Zeiten der Einsamkeit, und davon gab es wahrhaftig genug, tauchen liebevolle Menschen und Begleiter auf, von denen er sich ermutigen lässt. Genauso hätte sein Blick von Leid und Verlust bestimmt bleiben können, dann wäre es nicht zu den immer wieder eindrucksvollen Neuanfängen gekommen, die alle getragen sind von der Perspektive und der Kunst, am Schweren, an Hindernissen und Verletzungen zu wachsen! So lesen sich solche Erfahrungen gerade auch rückblickend nicht resigniert und bitter, sondern eher wie Düngemittel und Wachstumsbeschleuniger! Ein solcher Blick verändert das eigene Leben auch rückblickend auf positive Weise.

VERTIEFENDE FRAGEN UND ANREGUNGEN

Wenn Sie mögen, nehmen Sie sich etwas Zeit für sich und die Beantwortung der folgenden Fragen. Notieren Sie Ihre Antworten! Vielleicht mögen Sie auch mit Ihrem Partner beziehungsweise Ihrer Partnerin oder Freunden über Ihre Antworten ins Gespräch kommen.

> Wenden Sie sich noch einmal der oben ausgeführten Wunderfrage zu und imaginieren Sie sich eine gewünschte Zukunftsszene Ihrer Wahl!

> Angenommen, Sie würden bereits erfolgreich in dieser Zukunft angelangt sein, wie sähe die passende Körperhaltung dazu aus?

> Versuchen Sie genau diese Körperhaltung bereits hier und heute einzunehmen und achten Sie dabei auf die Unterschiede in Ihrem Empfinden und in den Rückmeldungen der anderen!

Wie Sie gesehen haben, können wir Dinge auf unterschiedliche Weise betrachten. Versuchen Sie möglichst unterschiedliche Perspektiven in Ihrem Lebensalltag einzunehmen und entscheiden Sie selbst, womit Sie mehr Handlungsspielraum verspüren!

PRIMING UND IMAGINATION – ÜBER MACHT UND NUTZEN DER INNEREN BILDER

Wir haben alle jederzeit und überall ein Zaubermittel zur Verfügung: unsere Vorstellungskraft. Unsere Fähigkeit zu imaginieren ist das Hilfsmittel, das uns in Kontakt bringt mit dem Heilsamen in uns.
Luise Reddemann

Einstiegsfragen: Kennen Sie Vorstellungen oder innere Bilder, die Ihnen in bestimmten Lebenssituationen geholfen haben? Haben Sie schon einmal bemerkt, dass die Erinnerung an nahestehende Menschen und an ihre Unterstützung in der Vergangenheit zu einer Veränderung des gegenwärtigen Wohlbefindens beiträgt?

Vermutlich haben Sie schon einmal Erfahrungen wie diese gemacht: Sie stehen an einem kalten Wintertag am Bahnhof oder einer Bushaltestelle, Ihnen ist ungemütlich kalt und Sie beginnen zu frösteln. Da stellen Sie sich vor, wie Sie schon zu Hause unter der warmen Dusche sind und anschließend vielleicht eine heiße Tasse Tee schlürfen, und auf einmal, vielleicht ganz unmerklich, wird Ihnen ein bisschen wärmer. Genauso kann die innere Vorstellung eines kühlenden Windes an einem heißen Sommernachmittag ein Gefühl von Erleichterung verschaffen.

Der englische Begriff des Primings meint so etwas wie (Vor-)Bahnung oder Einstimmung. Er bezieht sich auf neurobiologische Phänomene, die sich offensichtlich in bestimmten Verknüpfungen des Gehirns abspielen, die als mentale Schaltkreise oder Netzwerke bezeichnet werden können. Ganz offensichtlich scheint es so zu sein, dass die Aktivierung solcher Netzwerke von bestimmten äußeren und inneren Umgebungsbedingungen abhängig ist und – dies ist für das Thema seelische Gesundheit besonders bedeutungsvoll – bewusst oder unbewusst beeinflussbar ist.

Zu diesem Thema gibt es mittlerweile vielfältige und interessante

Forschungsergebnisse. So konnte der Sozialpsychologe John A. Bargh in seinen Experimenten zeigen, dass durch Priming Emotionen, Einstellungen, Ziele und Absichten von Menschen beeinflusst werden, dass dies unbewusst geschehen kann und dass sich nachweislich das Verhalten in nachfolgenden Situationen verändert.[18] So bestand eine Versuchsanleitung darin, zwei Gruppen, die nach Alter, Gesundheitszustand, Bildungsgrad und Geschlechtsverteilung gleich waren, einem Sprachtest zu unterziehen. Die Aufgabe bestand für die eine Gruppe darin, sich mit dem Thema Alter und Gebrechlichkeit zu beschäftigen und eineinhalb Stunden lang Sätze dazu zu vervollständigen. Die zweite Gruppe hatte die Aufgabe, sich mit einem neutralen Thema auf die gleiche Weise zu beschäftigen. Was beide Gruppen nicht wussten, war, dass das eigentliche Experiment erst später begann, als nämlich die Zeit gestoppt wurde, die die Versuchspersonen nach Verlassen des Untersuchungsraumes bis zum Haupteingang benötigten. Das Ergebnis war erstaunlich: Die Gruppe, die sich mit dem Thema Alter beschäftigt hatte, benötigte signifikant mehr Zeit zum Verlassen des Gebäudes als die andere. Ohne zu wissen, um was es in diesem Experiment ging, hatte der Inhalt ganz offensichtlich konkrete Auswirkungen auf das Handeln, in diesem Fall auf die Gehgeschwindigkeit der Versuchsteilnehmer. Es war, neurobiologisch gesprochen, zu einer Aktivierung des Netzwerks Alter gekommen, was unmittelbar messbare Folgen hatte.

Hat ein solches Priming nun auch Auswirkungen auf emotionale Erlebnisweisen und eine grundsätzliche Einstellung von Menschen auf ihre Umgebung? Die Antwort darauf lautet Ja! Wenn wir uns mit Themen wie emotionale Sicherheit, Trost, Liebe und Geborgenheit beschäftigen, werden wir selbst offener für und mitfühlender mit anderen und fühlen uns durch andere weniger bedroht! Wenn wir all das selbst erleben, gilt dies selbstverständlich umso mehr. Sie merken hier allerdings, wie wichtig es ist, sich mit Menschen und Dingen zu beschäftigen, die solche Erfahrungen in uns wecken.

Es ist beachtenswert, dass die buddhistische Tradition seit zweieinhalb Jahrtausenden die Stärkung des Mitgefühls durch Meditationspraxis in den Mittelpunkt stellt. Auch andere spirituelle Traditionen tun das und alle haben dabei vermutlich gewusst, dass der größte Segen dabei auf uns selbst zurückfällt!

Die Bedeutung unserer Vorstellungskraft ist hierbei bereits deutlich geworden. Die Arbeit mit Imaginationen, inneren Bildern, ist vermutlich ähnlich alt wie die buddhistische Tradition und fußt auf schamanischem Wissen.[19] Sie nutzt die uns Menschen innewohnende

Fähigkeit, uns Dinge vorzustellen, auch wenn sie gegenwärtig nicht real sind. Dass dies Alltagsphänomene sind, denen sich niemand wirklich entziehen kann, sei an einem kleinen Beispiel verdeutlicht.

Wenn ich Sie nun bitte, sich eine Zitrone vorzustellen, die Sie in der Mitte auseinanderschneiden, um dann ihren Saft auszupressen, dann beobachten Sie einmal gleichzeitig, was sich in Ihrem Organismus, insbesondere Ihrem Mund vollzieht. Vermutlich werden die meisten einen unmittelbaren Speichelfluss erleben und dies, ohne dass sie eine Zitrone real vor sich haben oder gar deren Saft schmecken. Auch gibt es Menschen, die bereits eine heftige allergische Reaktion erleben, wenn sie sich nur einen blühenden Obstbaum vorstellen, auf den sie üblicherweise allergisch reagieren. All dies zeigt: Imagination wirkt!

Es waren jedoch erst die Erkenntnisse der neurobiologischen Forschung, die verdeutlichen halfen, dass unser Gehirn im Rahmen von Vorstellung die fast identischen neuronalen Netzwerke aktiviert wie durch eine tatsächliche Begegnung mit dem vorgestellten Gegenstand oder der imaginierten Person. So konnte beispielsweise gezeigt werden, dass bei Imaginieren einer innigen Verbundenheit zwischen Mutter und Säugling das wichtige Bindungshormon Oxytocin ausgeschüttet wird, das auch im Rahmen des Stillvorgangs aktiviert wird.[20]

Und es war vor allen Dingen Luise Reddemann, die im deutschsprachigen Raum dieses Prinzip in den letzten fünfzehn bis zwanzig Jahren therapeutisch nutzbar gemacht hat, indem sie insbesondere schwer traumatisierte Patientinnen und Patienten dazu anleitete, sich mit positiven Vorstellungsbildern zu beschäftigen. Dies tat sie aus der Erfahrung der Patienten selbst heraus, die davon berichteten, dass sie oftmals spontan in schwierigsten Kindheitssituationen Zuflucht in imaginäre Welten genommen hatten, in denen es ideale Eltern, hilfreiche Unterstützer, Feen oder andere Wesen gab, die sich liebevoll um sie kümmerten. Inhaltlich hatten sich diese Patienten und Patientinnen unbewusst genau um das Erleben gekümmert, das ihnen in der Realität fehlte. Vermutlich stellte genau das einen wesentlichen Überlebensschutz dar.

Schon in der Schilderung der Biografie von Viktor Frankl sind wir auf ein ähnliches Phänomen gestoßen. Als er sich mitten im Konzentrationslager in einen hell erleuchteten warmen Wiener Hörsaal imaginierte, in dem er über seine Erfahrungen sprach, nutzte er genau diese Vorstellungskraft zum Überleben.

Auch mein Vater berichtet davon, dass Lieder zu einer inneren Zuflucht wurden,
wo es an äußerer Sicherheit mangelte. Während des Lagerlebens vermittelten
sie ihm inneren Frieden und Geborgenheit. Er spricht von einem inneren Ort,
an den er sich stets flüchten konnte, egal wie bedrohlich die äußere Realität
gerade war. Bis heute vermögen ihm Lieder und Musik im Allgemeinen diesen
Schutz zu geben. Aus der Not entstand ein innerer Zufluchtsort, ein sicherer Ort
ganz im Sinne der Imaginationsübung von Luise Reddemann, der bis heute
Bestand hat!

Er schreibt: »Lieder und deren Texte begleiten mich bis heute und geben mir
ein Bewusstsein, in etwas ganz Altes und Vertrautes eintauchen zu können.«

Die Arbeit mit der inneren Vorstellungskraft kann ein Gegengewicht
zu belastenden Erinnerungen oder gegenwärtigen Ereignissen sein, aus
denen es kein Entkommen gibt. Der Vorteil ist, dass sie gezielt eingesetzt werden kann. Imagination ermöglicht das Nachholen lange ent-
behrter Erfahrungen: Die intensive Vorstellung eines Ortes, an dem Sie
völlig sicher und geborgen sind, wird in Ihrem Körper entsprechend
positive Empfindungen auslösen.

Imaginationsübungen helfen Ihnen, mehr Kontrolle über Ihre Vor-
stellungswelt zu gewinnen und wieder Regie auf der inneren Bühne zu
führen. Ich möchte Sie deshalb ermutigen, Ihre Vorstellungskraft für
sich zu nutzen! Wenn Sie der Überzeugung sind, über keinerlei Vorstellungskraft zu verfügen, möchte ich Sie zu einem kurzen Selbstexpe-
riment einladen: Schließen Sie die Augen für einen Moment und stellen Sie sich bitte Ihre eigene Wohnungstür vor, ihre Farbe und Form,
geht sie nach links oder rechts auf? Gibt es eine Glasscheibe oder einen
»Spion«? Vermutlich hatten Sie sofort ein Bild vor Augen, vielleicht
blass und zunächst verschwommen, aber immerhin. Wir benötigen
keine 3-D-Bilder, um mit unserer Vorstellungskraft zu arbeiten und
ihre positiven Möglichkeiten für uns zu nutzen!

In Anlehnung an unsere eigenen Ausführungen[21] hat sich aus der täglichen Praxis folgendes Vorgehen in der Arbeit mit der eigenen inneren
Vorstellungskraft bewährt:

1. Auch wenn Imaginationsübungen zunächst unter Anleitung erfolgen, ist das Ziel, sich selbst anzuleiten, so dass man von äußeren
   Rahmenbedingungen unabhängig wird.

2. Es ist hilfreich mit einer Körperwahrnehmung zu beginnen und ab-
   zuschließen. Dies könnte zum Beispiel die Wahrnehmung der mo-

mentanen Sitzposition oder des Kontakts der Füße zum Boden sein. Da die Imagination nicht als Entspannungstechnik gedacht ist, bietet es sich an, dies in einer aufrechten Körperhaltung zu üben.

3. Eine störungsfreie Umgebung, in der man sich wohl fühlt, bietet eine ideale Voraussetzung für den Einstieg.

4. Wenn nicht sofort innere Bilder entstehen, ist dies normal. Bedenken Sie, dass auch nur etwa 40 Prozent aller Menschen stark visuell begabt sind, dass es allerdings bereits reicht, sich mit positiven Bildern auch nur gedanklich zu beschäftigen und vielleicht im Laufe der Zeit zumindest »blasse Bilder« imaginieren zu lernen.

5. Regelmäßiges Üben führt im Laufe der Zeit zu einer deutlichen Verbesserung der Vorstellungsbilder.

6. Bewerten Sie Ihre Fortschritte möglichst nicht, sondern begleiten Sie Ihr eigenes Üben mit einer freundlichen Grundhaltung.

7. Beobachten Sie, welche der unterschiedlichen Übungen Ihnen am meisten zusagt und welche Übung zu welchem Bedürfnis und welcher Stimmung am besten passt.

8. Wenn Sie sich einmal nicht wohl fühlen oder gar unangenehme Bilder aufsteigen, unterbrechen Sie die Übung sofort und orientieren sich zurück in die Gegenwart. Das tun Sie am besten, indem Sie die Augen öffnen, Ihren Körper wahrnehmen und benennen, wo Sie gerade sind.

9. Sollten Sie dauerhaft Schwierigkeiten beim Imaginieren haben, kann es daran liegen, dass dieser Zugang tatsächlich nicht zu Ihnen passt, oder aber, dass Sie Unterstützung durch Dritte benötigen. Das sind in der Regel erfahrene Psychotherapeuten, die mit dieser Methode seit längerem arbeiten.

Mittlerweile existieren vielfältige CDs sowie verschriftlichte Anleitungen zu zahlreichen Imaginationen, deren bekannteste vermutlich die des sicheren/geborgenen Ortes[22] darstellt.

Aus den Erkenntnissen der Priming-Forschung und den Erfahrungen der Imaginationsarbeit wird deutlich, dass die Beschäftigung mit kraftvollen, sicherheitsspendenden hilfreichen inneren Bildern zu einer Aktivierung von neurobiologischen Netzwerken führt, die dem inneren Wohlergehen und somit der seelischen und auch körperlichen Gesundheit dienen. Einerseits belegen die zitierten wissenschaftlichen Studien die Wirksamkeit, andererseits zeigt die tägliche klinische Erfahrung, die ich mit vielen traumatisierten Menschen gemacht habe, wie hilfreich und wirkungsvoll Imaginationen für die Gegenwart sind, wie hilfreich sie für das Überleben darüber hinaus auch in schwersten traumatischen Situationen von Vernachlässigung, anhaltendem Gewalterleben oder Missbrauch waren. Wenn dies so ist, spricht vieles dafür, ein solches Erfahrungswissen möglichst vielfältig anzuwenden und zu nutzen.

Eine Patientin, die seit längerem Imaginationsübungen für sich nutzt, sitzt äußerst gespannt, mit zitternden Beinen und sichtbarer Angst vor mir. Bereits nach wenigen Sätzen ist klar, dass wir unser Gespräch so nicht führen können. Ich schlage ihr spontan vor, gemeinsam die Imaginationsübung des sicheren Ortes zu machen, die ihr vertraut ist. Sie nickt und wir beginnen. Bereits nach wenigen Sekunden lässt die Anspannung sichtbar nach und ist am Ende der kurzen Reise vollständig verschwunden. Es genügte ein kurzer Ausflug in eine imaginäre Welt, um das weitere Gespräch deutlich ruhiger fortsetzen zu können.

Auf eine ganz andere Weise wird diese Fähigkeit ebenfalls genutzt. Die Rede ist vom mentalen Training im Bereich des Sports. Vielleicht haben Sie schon einmal beobachtet, wie ein Skirennläufer vor dem Start gedankenversunken in sichtbaren Körperbewegungen die Rennstrecke noch einmal durchgeht. Er macht sich sozusagen geistig warm und aktiviert damit die für das bevorstehende Rennen notwendigen Bewegungsmuster. Tut er dies nicht, steigt einerseits seine Sturzgefahr, andererseits wird er vermutlich selbst bei bester Technik nicht erfolgreich sein. Eines der eindrucksvollsten Beispiele für erfolgreiches Imaginieren in der Sportgeschichte stellt die US-amerikanische Kunstturmspringerin Laura Wilkinson dar. Sie hatte sich vor den Olympischen Spielen 2000 einige Zehen gebrochen und konnte nicht aktiv trainieren. Stattdessen imaginierte sie bis kurz vor den olympischen Spielen und sie gewann die Goldmedaille! Ein eindrucksvolles Beispiel für die Macht unserer inneren Bilder.

Es erklärt sich fast von selbst, dass diese Macht auch missbraucht werden kann. Die vom amerikanischen Militär entwickelten Ego-Shooter-Videos dienen genau einem solchen Zweck, sie sollen die Tötungshemmung der Soldaten abstumpfen lassen. Wer sich also wiederkehrend mit derartigen Spielen, Horrorfilmen oder Ähnlichem beschäftigt, muss damit rechnen, dass sich sein Gehirn und unter Umständen auch Verhalten ändern wird. Da unser Gehirn sich entsprechend seiner Nutzung immer wieder neu verändert und konfiguriert, ist es so bedeutsam und wichtig, womit wir uns beschäftigen.

Auch unbewusste Erinnerungshilfen können uns dabei unterstützen: zum Beispiel ein angenehmer Duft, der Wohlbefinden auslöst, eine Musik, die an »gute Zeiten« erinnert und damit automatisch entsprechende Gefühle und durchaus auch Ressourcen wachruft.

Eine Patientin berichtet mir, dass sie es häufig schaffe, mit Hilfe ihrer Lieblingsmusik aus einer schlechten Stimmung aufzutauchen. Vorsichtshalber habe sie diese Musik immer auf ihrem Handy bei sich. Dies habe ihr in vielen Situationen des Alltags geholfen.

Wenn die Macht der Bilder so groß ist, dann ist entscheidend, welchen Bildern, Eindrücken und Erfahrungen wir uns aussetzen! Als Kinder hatten wir wenig Einfluss darauf, in welcher Umgebung wir aufwuchsen, heute allerdings bestimmen wir, welches Fernsehprogramm wir anschauen, ob und mit welchen Computerspielen wir umgehen und welche Musik wir hören.

Eine Patientin berichtete mir vor einigen Jahren am Ende ihres sechswöchigen Klinikaufenthaltes, dass sie das Fernsehgerät während dieser Zeit nicht einmal angeschaltet hätte und erstaunt festgestellt hätte, was man alles mit seiner Zeit noch anfangen kann. Sie hätte plötzlich Kontakte mit anderen geknüpft, hätte Spaziergänge unternommen und mal wieder ein Buch gelesen, all das hätte sie seit Jahren nicht mehr getan. Sie hätte das Gefühl bekommen, wieder Einfluss auf ihr Leben auszuüben. Das wollte sie auch zu Hause beibehalten.

Zum Ende des Kapitels möchte ich Sie zu einer Imaginationsübung einladen und mit einigen Fragen zur weiteren Beschäftigung mit diesem Thema anregen.

KRAFT DER SONNE

Stellen Sie sich die Sonne vor, die uralte, immer vorhandene Kraft, Ihre, unsere Urenergie. Lassen Sie sich nun, wenn es Ihnen angenehm ist, von ihren kraftvollen, heilsamen, belebenden Strahlen umhüllen ...

Die Sonnenstrahlen umhüllen Sie und Ihr Zuhause, Ihren Wohnort, unser Land, die gesamte Erde ... Und Sie sind nicht nur eingehüllt, sondern auch durchströmt und belebt von dem heilsamen, kraftvollen Licht der Sonne ... Jede Zelle empfängt das Sonnenlicht von innen und außen und erhält Klarheit, Weisheit und Kraft ...

Und die Strahlen verbinden sich mit der Erde, die Sie trägt, so dass Sie mit der Kraft der Sonne durchströmt und mit der tragenden Erde verbunden sind ...

Wenn Sie möchten, können Sie jetzt Ihren Herzraum öffnen und ihn erstrahlen lassen durch die Kraft der Sonne und so wird Ihr ganzer Organismus vom Scheitel bis zu den Füßen belebt und geheilt.

Kehren Sie dann in Ihrem Tempo zurück in den Raum in dem Bewusstsein, dass Sie die Kraft der Sonne auch dann weiterhin begleitet, wenn Sie nicht bewusst daran denken.

VERTIEFENDE FRAGEN UND ANREGUNGEN

Wenn Sie mögen, nehmen Sie sich etwas Zeit für sich und die Beantwortung der folgenden Fragen. Notieren Sie Ihre Antworten! Vielleicht mögen Sie auch mit Ihrem Partner beziehungsweise Ihrer Partnerin oder Freunden über Ihre Antworten ins Gespräch kommen.

Welche inneren kraftvollen Bilder vermitteln Ihnen Sicherheit, Zuversicht und Geborgenheit? Wenn Sie mögen, dann malen oder collagieren Sie Ihre Bilder und lassen Sie sie möglichst oft vor Ihrem inneren und äußeren Auge entstehen!

Wo im Körper spüren Sie am meisten die positive Resonanz der inneren Bilder? Stellen Sie eine innere Verbindung zu diesem Körperempfinden her und machen Sie sich bewusst, dass Sie dadurch in Zukunft viel leichter Zugang zu Ihren inneren Kraftquellen finden können! Ihr Körper unterstützt Sie dabei, indem Sie beispielsweise ganz bewusst eine ressourcenvolle Körperhaltung einnehmen, selbst wenn Sie sich noch gar nicht so fühlen. Oft folgt unser Empfinden der entsprechenden Körperhaltung wie auch umgekehrt!

In welchen Situationen des Alltags können Ihnen die durch Ihre inneren Bilder erfahrenen Fähigkeiten hilfreich werden? Wenn Sie mögen, dann stellen Sie sich jetzt eine solche Alltagssituation vor und verbinden Sie sich gleichzeitig mit der eigenen inneren Kraftquelle! Welche Unterschiede bemerken Sie?

Von welchen belastenden inneren Bildern möchten Sie Abstand gewinnen? Was bräuchten Sie dafür? Was könnte an die Stelle der bisherigen Bilder treten? (Es könnte sich beispielsweise herausstellen, dass die Betrachtung bestimmter Nachrichtensendungen oder anderer Inhalte des Fernsehprogramms keinen günstigen Einfluss auf Sie ausübt und Sie in Zukunft besser darauf verzichten.)

SELBSTWIRKSAMKEIT – WIE NEHME ICH EINFLUSS AUF MEIN LEBEN

Die ganze Welt ist voll von Sachen, und es ist wirklich nötig, dass jemand sie findet!
Astrid Lindgren, Pippi Langstrumpf

Einstiegsfragen: Wann haben Sie das letzte Mal die Erfahrung gemacht, dass Sie es waren, der etwas geschafft hat, das Sie etwas hinbekommen haben, was ohne Sie so nicht möglich gewesen wäre?

In welcher Situation haben Sie zuletzt Einfluss genommen auf Ihre Umgebung, vielleicht indem Sie jemandem zugehört haben und er sich dadurch erleichtert fühlte oder Sie etwas gesagt oder getan haben, was wiederum etwas bewirkt hat bei Ihrem Gegenüber?

Die Beantwortung dieser Fragen mag vielleicht zunächst schwerfallen, weil sie mit dem Gefühl von Eigenlob verbunden ist, das ja angeblich stinkt. In diesem Kapitel wird es allerdings genau darum gehen: den Scheinwerfer auf die eigenen Kompetenzen und Fähigkeiten zu richten! Dabei meldet sich möglicherweise wiederum ein ungewohntes, vielleicht sogar verbotenes Gefühl, nämlich Stolz. Wer allerdings schon einmal kleine Kinder beobachtet hat, wie sie ihre Zeichnungen oder ihr aus Klötzen gebautes Kunstwerk präsentieren, ahnt, wie wichtig Lob und Anerkennung sind, die durchaus mit dem Gefühl von Stolz einhergehen dürfen. »Hast du das ganz alleine gemacht? Das ist ja toll geworden!« So oder ähnlich könnte eine unterstützende Antwort aussehen. Wer solche Antworten auch im übertragenen Sinne in seinem Leben zu hören bekommt, wird innerlich wachsen und aufblühen, ja er wird dazu der Lage sein, mit sich selbst in ähnlicher Weise umzugehen.

So entwickelt sich ein Gefühl, das der kanadische Psychologe Albert Bandura (geb. 1925) Selbstwirksamkeit (self-efficacy) nennt. Die Überzeugung, mit eigenen Kompetenzen und Ressourcen etwas in der jeweiligen Umwelt bewirken und verändern zu können, wird als Selbstwirksamkeitserwartung (perceived self-efficacy) bezeichnet. Eine Person, die davon überzeugt ist, selbst etwas zu bewirken und auch schwierige Situationen zu meistern, hat eine hohe Selbstwirksamkeitserwartung. Sie steht in einem deutlichen Gegensatz zu der Überzeugung, dass die Ereignisse, die uns passieren, durch Zufall, Glück oder alleine durch Unterstützung anderer zustande gekommen sind.

In der psychologischen Forschung hat sich die Selbstwirksamkeitserwartung als ein wesentlicher Faktor für Stressbewältigungskompetenz und somit für seelische wie auch körperliche Gesundheit herausgestellt. Es hat sich gezeigt, dass jemand, der an seine eigenen Kompetenzen glaubt, eine größere Ausdauer in der Bewältigung von Aufgaben an den Tag legt und weniger anfällig für psychische Erkrankungen wie Angststörungen und Depressionen ist. Auch ist er erfolgreicher im Berufsleben. Es ist selbstverständlich, dass eine solche Haltung selbstverstärkend wirkt. Mit anderen Worten: Wer an sich glaubt, ist in der Regel erfolgreicher, was den Glauben an sich selbst wiederum bekräftigt.

Im Rahmen der Stressforschung hat sich in den letzten Jahren die Erkenntnis durchgesetzt, dass Stress niemals unabhängig von der jeweiligen Person betrachtet werden kann. Ob eine Situation zu einer anscheinend unbewältigbaren Belastung wird oder als bewältigbare Herausforderung erlebt wird, hängt wesentlich von der Einstellung und Bewertung der jeweiligen Person ab. Wenn ich eine Belastung als Herausforderung erlebe, kann diese sogar Energien freisetzen. Erlebe ich sie als unlösbar, kann dies zu einer Aktivierung des körpereigenen Stresshormonsystems führen und in vielfältigen gesundheitlichen Folgeschäden wie beispielsweise Bluthochdruck, Hautausschlägen, Magen-Darm-Beschwerden, aber auch Ängsten und Depressionen Ausdruck finden.

Entscheidend also ist das Erleben von Bewältigbarkeit, von Einflussnahme, Kompetenzen und Ressourcen. Selbstwirksamkeit kann sich aus vier Kraftquellen speisen.

Da ist zunächst die Bewältigung von schwierigen Situationen, mit anderen Worten das **Erfolgreichsein**, das den Glauben in die eigenen Fähigkeiten und das Vertrauen darauf, diese auch in Zukunft erfolgreich einsetzen zu können, stärkt. Wer diese Erfahrung oft genug gemacht hat, vermag auch Enttäuschung und Frustration besser zu tolerieren. Typischerweise schreiben solche Menschen Misserfolg eher den Umständen, der schlechten Tagesform oder sonstigen ungünstigen Rahmenbedingungen zu, wohingegen sie sich den Erfolg auf die eigenen Fahnen schreiben.

Wie aber entwickelt man ein solches Selbstvertrauen in die eigenen Fähigkeiten und Kompetenzen? Wir wissen heute, dass hierzu **Ermutigung und Unterstützung** notwendig sind, die in einer gelungenen Kindheit und Jugend angelegt werden. Kinder, die um ihrer selbst willen geliebt und gelobt werden, entwickeln solche Kompetenzen. Aber auch soziale Unterstützung im Familien- und Freundeskreis der Gegenwart kann zu Selbstvertrauen und Kompetenzerleben beitragen.

Mit welchen Menschen umgebe ich mich? Tun sie mir gut und woran merke ich das? Gibt mein Körpergefühl mir dabei eine bisher nicht beachtete Hilfestellung?

Es ist deshalb von großer Bedeutung, dass Sie sich mit Menschen umgeben, von denen Sie sich unterstützt und ermutigt fühlen. Menschen folgen oftmals altbewährten und bekannten Mustern aus der Kindheit, die damals in aller Regel überlebenswichtig waren, heute allerdings nicht selten Entwicklungen verhindern. Diese Muster zu erkennen und zu verändern ist nicht immer leicht, aber möglich. Nur weil jemand beispielsweise wenig Unterstützung in seiner Kindheit erlebt hat, muss er oder sie diese Erfahrung nicht fortsetzen! Diese Fähigkeit der Musterveränderung beschreibt sehr eindrucksvoll die Biografie meines Vaters in diesem Buch.

Unterstützend sind hierfür auch Menschen, die für mich ein **Vorbild** sind. Wenn ich mich an Menschen orientiere, die mit ähnlichen Vorerfahrungen wie meinen ihre Aufgaben im Leben meistern, traue ich mir selbst solche Aufgaben auch eher zu.

In der körperlich behinderten Frau begegnet mein Vater genau einem solchen Vorbild. Diese körperlich äußerst eingeschränkte Frau hatte es in ihrem Leben auf ihre Weise ähnlich schwer gehabt wie mein Vater durch Verlust von Heimat und Mutter. Dennoch bejahte sie ihr Leben offensichtlich und setzte sich für einen jungen Menschen mit Wort und Tat ein. Ganz in Frankls Sinn richtete sie den Blick von sich auf andere und anderes, das ihr sinnvoll erschien, und ließ damit ihr eigenes Leben sinnvoll werden. In ihrem Fall waren es Musik und Literatur, das Schreiben langer Briefe verbunden mit dem Interesse und der liebevollen Begleitung eines jungen Menschen.

Auch die Stiefmutter wird zu einem solchen bedeutsamen Vorbild. Selber traumatisiert vermag sie meinem Vater nach dem Tod seiner Mutter wieder Mut zu machen. Bei beiden Menschen spürt er intuitiv, dass sie es ernst mit ihm meinen. Eine Erfahrung, die bis heute trägt!

Vorbilder können motivieren, es ihnen gleichzutun. Wer könnte für Sie zu solch einem Vorbild werden? Das müssen keine Berühmtheiten sein, vielleicht ist es der kranke Nachbar, der tapfer und voller Zuversicht mit seiner Behinderung oder Krankheit umgeht.

Schließlich spielt die Bewertung von Abläufen im Körperinneren, die im Rahmen von Anforderungen auftreten, eine weitere wichtige Rolle, die Frage also, ob man **Vertrauen in den eigenen Körper** hat. So können neue, die Persönlichkeit herausfordernde Situationen mit vermehrtem Herzklopfen, Schweißausbruch, innerer Unruhe, Harndrang oder anderen physiologischen Körperantworten auf Stress einhergehen. Werden diese von der Person als Schwäche interpretiert, mindern sie Bewältigungskompetenzen. Werden sie hingegen als Bereitstellungsreaktionen des Organismus auf die bevorstehende Aufgabe verstanden, können sie dazu führen, aufmerksamer, wacher und bewusster in diese Aufgabe hineinzugehen. Sie können somit wiederum dazu beitragen, letztlich erfolgreicher zu sein.

Auch hier zeigt sich, dass solche Interpretationsschemata gelernt sind und auf Vorerfahrungen beruhen. Haben mir beispielsweise meine Eltern vermittelt, dass Aufregung vor einem ersten kleinen Musikvorspiel oder dem Aufsagen eines Gedichtes normal ist, fühle ich mich hiermit bereits nicht mehr alleine, sondern unterstützt und verstanden. Die Aufmerksamkeit wird nicht an den Stressreaktionen haftenbleiben, sondern sich der eigentlichen Aufgabe zuwenden – somit einer wichtigen Grundlage für erfolgreiches Bewältigen. Haben Sie das bisher nicht gewusst, so kann Ihnen diese Information heute möglicherweise zu einem gelasseneren Umgang mit den eigenen Stressreaktionen verhelfen.

Es ist wichtig zu wissen, dass solche körperlichen und seelischen Reaktionen auf Stress normal sind und Sie diese mit vielen anderen Menschen teilen. Herzklopfen oder Ähnliches vor einem Auftritt gehört dazu, wer das leugnet, sagt vermutlich nicht die Wahrheit.

Selbstwirksamkeit lässt sich also lernen, sie ist abhängig von Unterstützung und Wohlwollen anderer und – auch das eine wichtige Erkenntnis der neueren Hirnforschung – sie lässt sich in jeder Lebensphase entwickeln und ausbauen.

Im Rahmen eines psychosomatischen Klinikaufenthaltes hat Frau S. neben den psychotherapeutischen Anwendungen auch am therapeutischen Klettern und der Kunsttherapie teilgenommen. Beides war ihr zunächst suspekt gewesen. Sie sei künstlerisch unbegabt und auch nicht sonderlich sportlich. Ich ermutige sie dennoch, die genannten Angebote auszuprobieren. Bereits im folgenden Einzel-

gespräch berichtet sie mit spürbarem Stolz, dass sie die Kletterwand bewältigt habe. Sie habe sich daraufhin getraut, einen längst fälligen Brief an ihre Mutter zu schreiben. Sie freue sich jetzt schon auf jede weitere Stunde an der Kletterwand. Das hätte sie nie erwartet. Auch in der Kunsttherapie machte sie eine ähnliche Erfahrung. Sie erlaubte sich mit Unterstützung der Therapeutin ihren Intuitionen zu folgen und mit den Farben zu spielen. Erstaunt stellt sie fest, wie viel Freude ihr das Gestalten bereitet, ohne dass dabei ein fertiges und vorzeigbares Kunstprodukt herauskommen muss. Sie ist überrascht von ihren eigenen Möglichkeiten, sie möchte dies zu Hause fortsetzen und hat bereits mit ihrem Mann über die Einrichtung eines kleinen Ateliers gesprochen.

Die Kindheit prägt, sicherlich, aber sie legt nicht fest. Heute habe ich die Wahl, mit welchen Menschen ich mich umgebe, ob es solche sind, die mich ermutigen und unterstützen oder eher nicht. Ich kann mich bewusst neuen Erfahrungen aussetzen und dabei Ähnliches erleben wie die oben genannte Patientin. Und ich kann lernen, zunächst Gelingen und Gelungenes in meinem Leben wahrzunehmen (siehe Freude- und Dankbarkeitstagebuch), mich dann für meine kleinen Erfolge zu belohnen und mir selbst auf die Schulter zu klopfen. Dies ist durchaus wörtlich zu nehmen, weil ich dann auch körperlich etwas spüre! So erweist sich Selbstwirksamkeit als Türöffner für Glückserfahrungen!

VERTIEFENDE FRAGEN UND ANREGUNGEN

Wenn Sie mögen, nehmen Sie sich etwas Zeit für sich und die Beantwortung der folgenden Fragen. Notieren Sie Ihre Antworten! Vielleicht mögen Sie auch mit Ihrem Partner beziehungsweise Ihrer Partnerin oder Freunden über Ihre Antworten ins Gespräch kommen.

Von wem haben Sie in Ihrem Leben Anerkennung und Unterstützung erhalten? Woran haben Sie das bemerkt?

Welche Vorbilder haben oder hatten Sie? Was zeichnet beziehungsweise zeichnete diese Menschen aus? Welche Fähigkeiten haben oder hatten diese Menschen und welche sind Ihren eigenen ähnlich?

Erzählen Sie sich von Ihren kleinen Erfolgen, wo waren Sie zuletzt erfolgreich?

ACHTSAMKEIT UND AKZEPTANZ – ÜBER DIE BEDEUTUNG DER GEGENWART

Jeder Moment von Achtsamkeit
ist eine Bekräftigung für das Leben.
Jeder Moment von Achtsamkeit zählt.

Jack Kornfield

Einstiegsfragen: Können Sie sich an einen Moment erinnern, an dem Sie das Gefühl von Zeitlosigkeit hatten, wo Sie ganz im Erleben waren? Haben Sie schon einmal die befreiende Erfahrung gemacht, etwas wirklich zu akzeptieren, wenn Sie es nicht mehr ändern können?

Ein alter Mann lebte in einem Dorf, zwar arm, aber selbst Könige waren neidisch auf ihn, denn er besaß ein wunderschönes Pferd ... Könige boten viel Geld für das Pferd, aber der Mann sagte:»Wie könnte man einen Freund verkaufen?« Der Mann war arm, aber sein Pferd verkaufte er nie.

Eines Morgens fand er sein Pferd nicht im Stall. Das Dorf versammelte sich, und die Leute sagten:»Du dummer alter Mann! Wir haben immer gewusst, dass das Pferd eines Tages gestohlen würde. Es wäre besser gewesen, es zu verkaufen. Welch ein Unglück!«

Der alte Mann sagte:»Geht nicht so weit, das zu sagen. Sagt einfach: Das Pferd ist nicht im Stall. So viel ist Tatsache. Alles andere ist Urteil. Ob es ein Unglück ist oder ein Segen, weiß ich nicht, weil dies ja nur ein Bruchstück ist. Wer weiß, was folgen wird?«

Die Leute lachten den Alten aus. Aber eines Tages kehrte das Pferd plötzlich zurück. Es war nicht gestohlen worden, sondern in die Wildnis ausgebrochen. Und nicht nur das, es brachte auch noch ein Dutzend wilder Pferde mit.

Wieder versammelten sich die Leute, und sie sagten:»Alter Mann, du hattest recht. Es war kein Unglück, es hat sich tatsächlich als Segen erwiesen.«

Der alte Mann entgegnete: »Wieder geht ihr zu weit. Sagt einfach: Das Pferd ist zurück. Wer weiß, ob das ein Segen ist oder nicht? Ihr lest nur ein einziges Wort in einem Satz – wie könnt ihr über das ganze Buch urteilen?«

Der alte Mann hatte einen Sohn, der begann, die Wildpferde zu trainieren. Schon eine Woche später fiel er vom Pferd und brach sich die Beine. Wieder versammelten sich die Leute, und wieder urteilten sie. Sie sagten: »Wieder hattest du unrecht! Es war ein Unglück. Dein einziger Sohn kann nun seine Beine nicht gebrauchen, und er war die einzige Stütze deines Alters. Jetzt bist du ärmer als je zuvor.«

Der Alte antwortete: »Ihr seid besessen vom Urteilen. Geht nicht so weit. Sagt nur, dass mein Sohn sich die Beine gebrochen hat. Niemand weiß, ob dies ein Unglück oder ein Segen ist. Das Leben kommt in Fragmenten, und mehr bekommt ihr nicht zu sehen.«

Es ergab sich, dass das Land nach ein paar Wochen einen Krieg begann. Alle jungen Männer wurden zwangsweise zum Militär eingezogen. Nur der Sohn des alten Mannes blieb zurück, weil er verkrüppelt war. Der ganze Ort war von Klagen und Wehgeschrei erfüllt, weil man wusste, dass die meisten der jungen Männer nicht nach Hause zurückkehren würden.

Sie kamen zu dem alten Mann und sagten: »Du hattest recht, alter Mann – es hat sich als Segen erwiesen. Dein Sohn ist zwar verkrüppelt, aber immerhin ist er noch bei dir. Unsere Söhne sind für immer fort.«

Der alte Mann antwortete wieder: »Ihr hört nicht auf zu urteilen. Niemand weiß! Sagt nur dies: Dass man eure Söhne in die Armee eingezogen hat und dass mein Sohn nicht eingezogen wurde.

Doch nur Gott, nur das Ganze, weiß, ob dies ein Segen oder ein Unglück ist.«[23]

Was hat diese Geschichte mit Achtsamkeit und Akzeptanz zu tun und was mit seelischer Gesundheit?

Die Grundhaltung achtsamkeitsbasierter Ansätze besteht in einem vorurteilsfreien, freundlich offenherzigen Wahrnehmen und Anerkennen dessen, was jetzt gerade ist, zunächst ohne Veränderungsabsicht. Eine solche akzeptierende Grundhaltung ist dem westlichen Menschen eher fremd, stellt sie doch einen Kontrapunkt zu der vorherrschenden Machbarkeitsphilosophie des Schneller-Höher-Weiter dar, die immer mehr Menschen leiden und krank werden lässt. Die Zunahme von Burnout, Depressionen, Ängsten und anderen psychischen Störungen, ebenso wie viele diffuse körperliche Beschwerden, insbesondere unterschiedlichste Schmerzzustände, zeugen hiervon. Die Zahl vorzeitiger Berentungen durch psychische Erkrankungen hat gravierend zugenommen und stellt Rentenversicherungsträger wie Gesellschaft gleichermaßen vor große Herausforderungen.

Auch deshalb haben achtsamkeitsbasierte Ansätze Hochkonjunktur, weil sie diesen Phänomenen anders begegnen. Zahlreiche Studien haben den Erfolg dieser Ansätze belegt, zum Beispiel profitieren depressive Patienten von einer achtsamkeitsgeleiteten Therapie in der Rückfallprophylaxe (MBCT).

Was über Jahrhunderte undenkbar erschien, ist heute anerkannte wissenschaftliche Überzeugung: Unser Gehirn ist in der Lage, sich bis ins hohe Alter permanent weiterzuentwickeln und sich entsprechend seiner Umgebungsbedingungen zu strukturieren. Dieses Phänomen wird als Neuroplastizität bezeichnet und hat zu einem Quantensprung in Forschung und Therapie geführt. In diesem Zusammenhang hat sich auch gezeigt, dass unsere Wahrnehmung permanent von unserer Aufmerksamkeitsfokussierung (vgl. auch Kapitel Quantenphysik sowie Priming) abhängig ist. Richtet sich unsere Aufmerksamkeit auf einen bestimmten Bereich, wird einem anderen Aufmerksamkeit und damit Aktivität entzogen. Dies hat insbesondere im Hinblick auf den Umgang mit chronischen, zunächst unveränderbar erscheinenden Zuständen wie Schmerzen erhebliche therapeutische Auswirkungen. Verständlicherweise lenkt Schmerz die Aufmerksamkeit genau dorthin, wo es unangenehm ist. Dies ist zunächst äußerst angebracht, da akuter Schmerz immer eine Schutzreaktion darstellt. So ist es sinnvoll, die Hand von einer heißen Herdplatte zurückzuziehen, um keine gravierenderen Verbrennungen zu erleiden.

Entwickelt sich allerdings aus unterschiedlichen Gründen ein chronischer Schmerz, so hat er in der Regel seine Alarm- und Schutzfunktion verloren, die anfängliche Schmerzursache ist häufig äußerlich verheilt, das Schmerzerleben besteht dennoch fort. Welche Gründe auch immer hierfür verantwortlich sein mögen, sicher ist, dass die permanente weitere Beschäftigung mit dem Schmerz, der verständliche Ärger und Frust über ihn und die nachvollziehbaren »Kampfmethoden« gegen ihn die Aufmerksamkeit auf das Schmerzgeschehen lenken und damit die Intensität steigern. Bildgebende Verfahren können heute genau diese Überaktivität in der sogenannten Schmerzmatrix nachweisen.

Auf diesem Hintergrund wird verständlich, dass ein achtsamkeitsbasierter Ansatz dazu beitragen kann, in behutsamen kleinen Schritten die Aufmerksamkeit vom Schmerz abzuziehen. Dies geschieht paradoxer Weise gerade auch durch eine akzeptierende und wohlwollende Haltung gegenüber dem eigenen Schmerz, so schwierig dies in der Umsetzung sicherlich ist. In der Akzeptanz dessen, das es jetzt gerade so ist, liegt ein erstes Veränderungsmoment.

Herr G. litt seit Jahren unter einem Tinnitus, er hatte vieles ausprobiert, der Tinnitus jedoch war geblieben. Im Rahmen einer Gruppentherapiesitzung berichtete er den anderen Teilnehmern, dass er seinen Tinnitus mittlerweile akzeptiert habe, seither habe er innerlich Ruhe.

Wenn Achtsamkeit zu einer solchen Erfahrung führt, dann unterstützt sie die Selbstheilungskräfte und die Selbstregulationsfähigkeit des Menschen. Wie bereits erwähnt, findet dies auch in der Traumatherapie Anwendung. Luise Reddemann bemerkt hierzu in ihrem Buch »Imagination als heilsame Kraft«: »Wir meinen, dass eine achtsame Arbeit mit dem Körper, bei der es vor allem ums Spüren geht, die beste Form der Körperarbeit mit und für traumatisierte Menschen ist.«[24]

Und noch etwas wird durch einen achtsamkeitsbasierten Ansatz deutlich: Unangenehme und belastende Gefühle und Gedanken sind Ausdruck unseres in der Regel unruhigen und sorgenvollen Geistes und sind genau nur das und nicht mehr! Diese Sichtweise ist keineswegs trivial, und sie ist dennoch nicht einfach umzusetzen. Sie verdeutlicht allerdings, dass meine gegenwärtigen Gedanken und Gefühle eine Momentaufnahme darstellen und keine unveränderliche Wahrheit. Ein achtsamer Umgang nimmt sie wahr, anerkennt sie und kann sie gleichzeitig wieder ziehen lassen, ähnlich einer finsteren Gewitterwolke, die für den Moment die Sonne verdeckt.

Vielleicht kennen Sie auch Situationen, in denen Sie in sorgenvolle Gedanken versunken sind, sich belastet und schwer fühlen und der Überzeugung sind, dass das Leben es schlecht mit Ihnen meint. Dann klingelt das Telefon, ein Freund ist in der Leitung und lädt Sie zu einem Kaffee ein. Sie verbringen einen anregenden Nachmittag und die Sie eben noch belastenden Gedanken sind auf »Normalgröße« zusammengeschrumpft. Genauso gut könnte Sie das Trösten Ihres Kindes, das sich gerade an seinem Knie verletzt hat, aus Ihren Gedanken reißen und Ihre gesamte Aufmerksamkeit auf sich ziehen. In beiden Fällen wird deutlich, dass Gedanken und Gefühle Momentaufnahmen sind, die wenig später einer anderen Wirklichkeit gewichen sein können. Insbesondere das achtsame Hinwenden auf etwas, das meine gesamte Aufmerksamkeit in Anspruch nimmt, vermag manchmal erstaunlich rasch einen scheinbar unabänderlichen und schweren Gefühlszustand zu verändern. Und anscheinend ganz beiläufig erlebe ich dabei etwas sehr Sinnvolles, die Begegnung mit einem lieben Menschen oder das Trösten meines Kindes, was zu einer Neubewertung der eigenen Situation beitragen kann.

Im Rahmen von Gruppentherapie erleben wir häufig, dass Patienten am Ende einer Stunde, in der sie sich mit der belastenden Geschichte eines anderen Gruppenmitglieds beschäftigt haben, feststellen, dass es ihnen selbst plötzlich viel besser geht, dass die eigene Leidensgeschichte nun in einem anderen Licht erscheint und die Erfahrung von Mitgefühl ihnen selbst erstaunlich gutgetan hat.

Bei genauer Betrachtung wissen wir, dass ein schwarzer Gewitterhimmel keinesfalls bedeutet, dass die Sonne nie mehr scheinen wird oder gar ihre Existenz aufgegeben hätte. Gelingt eine solche Haltung im Alltag, ist sie befreiend und heilsam. Jon Kabat-Zinn, dem wir die Einführung der Achtsamkeitspraxis in das westliche Denken verdanken, formuliert das in einem Interview folgendermaßen: »Jedermann verstrickt sich in seine Gedanken und Gefühle. Da gibt es, soweit ich weiß, keine Ausnahmen. Aber wie sehr wir uns verstricken, wie schnell wir uns verstricken und wie lange wir verstrickt bleiben, das sind Dinge, auf die wir enorm großen Einfluss haben können, wenn wir auf diese Weise praktizieren. Ich glaube, wir haben im Moment die Chance zu einer tiefgreifenden Veränderung in unserer Haltung zu Krankheit und psychischen Problemen sowie zu einer wirklichen Rückbesinnung auf das eigene Innere und das tiefe Potential für Heilung und Transformation, das der Achtsamkeitspraxis innewohnt.«[25]

Achtsamkeit im Umgang mit der eigenen Person ermöglicht allerdings auch noch etwas Weiteres. Wer lernt, zunehmend achtsamer mit sich, seinem Körper und dessen Rückmeldungen umzugehen, wird eigene Wünsche und Bedürfnisse besser bemerken und kann sich für ihre Umsetzung einsetzen. Auch dies ist ein wesentlicher Aspekt seelischer Gesundheit. Zahlreiche psychotherapeutische Schulen arbeiten an einer Verbesserung der Wahrnehmung eigener Wünsche und Bedürfnisse, die zu übersehen viele Menschen im Laufe ihres Lebens aus guten Gründen gelernt haben. Häufig wurden sie durch ihre primären Bezugspersonen darin nicht unterstützt.

Ein Säugling beispielsweise benötigt eine ausreichend einfühlsame Bezugsperson, die seine Bedürfnisse verstehen und beantworten kann. So hat das kindliche Schreien, das zunächst gleich zu klingen scheint, ganz unterschiedliche Bedeutungen, es kann Hunger, es kann Müdigkeit, es kann Alleinsein, Schmerzen oder eine nasse Windel bedeuten. Ein Säugling benötigt eine Mutter oder einen Vater, der diese Bedürfnisse zu differenzieren vermag und damit zu erkennen gibt, dass sie bedeutsam sind.

Allerdings kann es sich in der Entwicklung eines Menschen als sinnvolle Überlebensstrategie erwiesen haben, eigene Bedürfnisse zu übersehen, um die der anderen, von denen man abhängig ist, zu erfüllen. All dies kann dazu beitragen, das Gespür für eigene Bedürfnisse verlernt zu haben.

Achtsamkeit kann helfen, eine solche Haltung wieder oder neu zu erlernen und damit seelischer und körperlicher Gesundheit dienen. So ist es beispielsweise notwendig, dass Menschen ihre Grenzen spüren, um rechtzeitig auf Überlastung zu reagieren. Nur wer dazu in der Lage ist, vermag Gegenmaßnahmen zu ergreifen, sich eine Auszeit zu nehmen, um zu regenerieren. Achtsamkeit wird somit zu einer wesentlichen Anti-Burnout-Strategie. Diese Perspektive ist für den westlichen Menschen in den letzten Jahren immer zentraler geworden, da sie ein bewusstes Gegengewicht zu einer permanent beschleunigenden Hamsterradgesellschaft darstellt.

Frau S. berichtet im Rahmen therapeutischer Gespräche, dass sie über Jahre ihre Körpergrenzen missachtet habe. Sie habe bei der häuslichen Pflege ihrer Schwiegermutter keine Unterstützung annehmen wollen. Obwohl sie häufig unter Rückenschmerzen gelitten habe, habe sie diese mit Schmerzmitteln unterdrückt. An ihrer Situation habe sie nichts verändert. Erst als sie dann aufgrund einer Depression in eine psychosomatische Klinik kam, habe sie erkannt, dass ihr Körper ihr eigentlich bereits viel früher Pausen und Unterbrechungen nahegelegt habe.

Im Rahmen der Körpertherapie lernt sie behutsam, die Signale ihres eigenen Körpers wahrzunehmen und Veränderungsschritte zu wagen. Als im Rahmen einer gemeinsamen Gruppenübung Sandsäckchen auf ihre Schultern gelegt werden, spürt sie erstmals deren Last und verweigert sich. Dies, so bemerkt sie später, sei für sie ein Durchbruch gewesen, weil sie sich das bisher nicht erlaubt habe. Am Ende des Klinikaufenthaltes bemerkt sie, dass die Schmerzen, so unangenehm sie sind, ihr in Zukunft als Signal dienen werden, eine längst fällige Pause einzulegen.

Im Rahmen zahlreicher psychotherapeutischer Prozesse hat sich, wie ich anzudeuten versucht habe, diese Sichtweise von Achtsamkeit und Akzeptanz etabliert, da sie die notwendige Dialektik des menschlichen Lebens und somit auch der Psychotherapie aufgreift und vertieft.[26] Sie erleichtert die Hinwendung zu eigenen Wünschen und Bedürfnissen einerseits und die Akzeptanz des Unveränderlichen und Schicksalhaften andererseits.

Unser Sohn berichtete uns, nachdem er in Südamerika überfallen und ausgeraubt worden war, dass er sich über den Verlust mit folgenden Gedanken hinweggetröstet habe:»Ändern kann ich es nicht mehr, aber vielleicht verhilft der Diebstahl einem anderen Menschen zu etwas Gutem und außerdem ist mir sonst zum Glück nichts passiert.«

Den eigenen Bedürfnissen, die uns guttun, kommen wir mit Hilfe eines intuitiven inneren Wissens auf die Spur, das der Volksmund Bauchgefühl nennt. Die Hirnforschung bestätigt dies, auch wenn dieses Gefühl nicht immer ohne Weiteres erkannt und erspürt wird. Die Begründer des Züricher Ressourcen Modells haben sich hiermit ausführlich beschäftigt und auch wissenschaftlich nachgewiesen, dass die Nutzung dieses intuitiven Wissens gesundheitsrelevant ist.[27] Es bedarf einer achtsamen Selbstwahrnehmung, anfänglich häufig unterstützt durch Feedbacks von empathischen Begleitpersonen, um vielleicht ein wohliges Bauchgefühl oder ein entspanntes Lächeln oder ähnliche Körperresonanzen wahrzunehmen. Es liegt nahe, dass Achtsamkeitstraining eine solche Selbstwahrnehmung fördert.

Dabei hilft die beschriebene Achtsamkeitspraxis zu einer Unterscheidung von inneren Spannungszuständen, die nicht immer so einfach in Worte zu fassen und bestimmten Gefühlen zuzuordnen sind. Vielmehr geht es vielen Menschen so, dass sie nur unangenehme Anspannungen wahrnehmen und diese dann zu dämpfen versuchen, indem sie reflexartig reagieren, beispielsweise Nahrung zu sich nehmen, in unkontrollierter Form zu Alkohol oder Drogen greifen oder weiteres suchtartiges Verhalten nicht stoffgebundener Art entwickeln, wie es die modernen Medien (Fernsehen, Internet, Chatten) heute leicht ermöglichen.

Achtsamkeit trägt dazu bei, die ständig in uns ablaufenden unbewussten Prozesse durch das Hinlenken unserer Aufmerksamkeit wieder bewusst und dadurch beeinflussbar zu machen. Nur was aus dem Strom des Unbewussten herausgegriffen wird, ist veränderbar. Hierin liegt eine große Chance: Ich bin dort, wo das Leben tatsächlich stattfindet, in der Gegenwart. Achtsamkeitsübungen helfen Ihnen dabei. Sie können so lernen, Ihre Gefühle und Bedürfnisse zu spüren und sich besser um sich zu kümmern. Wenn es Ihnen zum Beispiel gelingt, zu unterscheiden, ob ein Angstgefühl in der aktuellen Situation begründet ist oder durch eine Erinnerung an eine vergangene Situation hervorgerufen wird, können Sie besser entscheiden, was sinnvoller ist: sich durch Flucht in Sicherheit begeben oder dableiben und sich beruhigen.

Im Rahmen der Traumatherapie verwenden wir deswegen viel Zeit darauf, Ordnung in das innere Gefühlsleben zu bringen, indem wir uns zum Beispiel damit beschäftigen, wo im Körper sich Anspannung und Unwohlsein gerade ausdrücken und was am ehesten dahintersteckt. So kann ein Engegefühl in der Brust Angst signalisieren, ein Kopfschmerz Ausdruck von Ärger sein. Wir beschäftigen uns dann mit den gewohnheitsmäßigen Reaktionen, zum Beispiel Fluchtimpulsen oder Wutausbrüchen und überlegen gemeinsam, ob es heute alternative Handlungsmöglichkeiten gibt. Die achtsame Hinwendung auf den Körper und seine Signale kann einerseits dabei behilflich sein, zu unterscheiden, ob es sich um alte oder aktuelle Gefühle handelt, und andererseits genau dadurch bewusste Alternativen entwickeln helfen.

Weiterhin geht es darum, von einer Haltung des »Behebenwollens« hin zu einer Haltung des »Willkommenheißens« zu kommen. Insbesondere im Umgang mit unangenehmen Gefühlen und Gedanken kann das hilfreich sein: Wenn Sie ein Gefühl achtsam beobachten, können Sie eine innere Distanz dazu aufbauen und müssen nicht gleich dagegen ankämpfen und es verändern. Sie kommen dann weg vom »Getriebensein«, davon, Gefühle und Gedanken schnell loswerden zu wollen. Sie werden bemerken, dass Sie »mehr sind als nur Ihr Gefühl«: Sie können das Gefühl gleichzeitig spüren und bewusst beobachten. Wenn das Gefühl bewusst wird, verliert es an Macht. Sie können sogar das Nicht-Fühlen beobachten, wenn Sie Leeregefühle spüren. Auch die Leere kann sich verändern, wenn Sie sie zunächst einfach nur beobachten.

Die Prinzipien der Achtsamkeit und Akzeptanz sind somit in vielfältiger Weise bedeutsam für seelische und auch körperliche Gesundheit. Sie stellen für den westlichen Menschen eine wesentliche Ergänzung und Erweiterung bisheriger Behandlungsansätze dar. Sie beschreiben jahrtausendealtes Weisheitswissen, das allerdings moderner und im wahrsten Sinne des Wortes notwendiger denn je zu sein scheint.

Achtsamkeit ermöglicht auch Begegnungen, die den eigenen Horizont erweitern können, wie die Erfahrungen meines Vaters mit Sterbenden eindrucksvoll belegen. Nur dadurch, dass er vorurteilsfrei, offen und keiner religiösen Vorstellung mehr verpflichtet Menschen am Sterbebett begegnen konnte, geschah etwas Außergewöhnliches und Bewegendes. Das Schwere wurde plötzlich leicht, das Dunkle von einem ungeahnten Licht erfüllt!

Abschließend möchte ich eine Passage des Weisheitslehrers Eckhart Tolle zitieren, der in seinem Buch »Jetzt« das Wesen der Achtsamkeit auf seine Weise wie folgt beschreibt:»Deine Lebensreise hat eine äußere und innere Absicht. Die äußere Absicht ist, an deinem Ziel oder Bestimmungsort anzukommen, das zu erfüllen, was du dir vorgenommen hast, dies oder jenes zu erreichen – und das bedeutet natürlich Zukunft. Wenn aber deine Bestimmung oder die Schritte, die du in der Zukunft machen willst, so viel von deiner Aufmerksamkeit beanspruchen, dass sie für dich wichtiger werden als der Schritt, den du gerade jetzt machst, dann verpasst du die innere Absicht deiner Reise völlig. Und die hat nichts damit zu tun, *wohin* du gehst, oder *was* du tust, sondern nur damit, *wie* du es tust. Sie hat nichts mit der Zukunft zu tun, dafür alles mit der Qualität deines Bewusstseins in diesem Moment. [...] Deine äußere Reise kann eine Millionen Schritte lang sein; deine innere Reise braucht nur einen: den Schritt, den du jetzt gerade tust. Wenn dir dieser eine Schritt bewusster wird, dann wirst du erkennen, dass er bereits alle anderen Schritte in sich trägt, ebenso wie den Bestimmungsort. Dieser eine Schritt wird dann zu einem Ausdruck der Perfektion, zu einer Handlung von immenser Schönheit und Qualität. Er wird dich ins Sein bringen und das Licht des Seins wird durch ihn leuchten. Das ist das Ziel und das ist die Erfüllung deiner inneren Reise, der Reise nach innen, zu dir selbst.«[28]

VERTIEFENDE FRAGEN UND ANREGUNGEN

Die Rosinenübung in Anlehnung an eine Übung von Jon Kabat-Zinn hat sich als ein einfacher Einstieg in die Achtsamkeitspraxis erwiesen. Vielleicht haben Sie Lust diese kleine Übung jetzt oder zu einem geeigneten Zeitpunkt auszuführen.

Hierzu nehmen Sie sich bitte eine Rosine, mit der Sie sie sich nun in den nächsten Minuten in aller Ruhe beschäftigen können. Beginnen Sie mit dem Betrachten dieser Rosine: Wie sieht sie aus, was erkennen Sie vielleicht zum ersten Mal an einer Rosine, was ist Ihnen vertraut?

Dann beschnuppern Sie Ihre Rosine, beschreiben innerlich, welche Qualitäten Ihnen auffallen. Als Nächstes lade ich Sie zu dem ungewöhnlichen Experiment des Hörens ein: Macht Ihre Rosine Geräusche?

Nun dürfen Sie die Rosine langsam in den Mund nehmen, legen Sie sie zunächst auf Ihre Zungenspitze, beginnen Sie noch nicht mit einer Kaubewegung. Können Sie jetzt schon etwas schmecken? Wenn Sie die Rosine nun in Ihrem Mund bewegen, ohne sie dabei zu zerkauen, spüren

Sie dann an verschiedenen Stellen in Ihrem Mund Unterschiedliches? Nun dürfen Sie mit Kaubewegungen beginnen. Verändert sich hierdurch noch etwas im Geschmack? Wenn ja, was? Lassen Sie sich beim Kauen der Rosine Zeit! Vielleicht stellen Sie erstaunt fest, wie oft Sie eine einzige Rosine im Mund kauen können.

Schlucken Sie die Rosine nun hinunter und beobachten Sie auch diesen Vorgang achtsam.

Wenn Sie möchten, nehmen Sie sich erneut eine Rosine, um sich in einer zweiten kleinen Übung mit folgender Frage zu beschäftigen: Überlegen Sie einmal, wer und was alles daran beteiligt gewesen ist, dass diese einzelne Rosine nun in Ihrer Hand liegt. Lassen Sie dabei Ihrer Fantasie freien Lauf und beziehen Sie auch Kleinigkeiten und die Natur selbst in Ihre Überlegungen ein. Vielleicht werden Sie erstaunt feststellen, dass in dieser einen Rosine ein ganzes Universum anzutreffen ist, sich die Natur mit ihren Elementen und Kräften, die Menschen mit ihren Fähigkeiten und die Technik selbst versammeln.

Wenn Sie neugierig auf weitere Achtsamkeitsübungen geworden sind, möchte ich Ihnen vorschlagen, diese Praxis auf das alltägliche Tun zu übertragen. Hierzu bietet es sich an, zunächst eine einzige Alltagshandlung herauszugreifen und diese mit so viel Achtsamkeit wie möglich auszuführen. Dies kann das Geschirr spülen, das Ausräumen der Spülmaschine, das tägliche Zähneputzen, die Einnahme einer Mahlzeit oder eines Teiles davon oder das Duschen sein. Was immer Sie mögen, Sie können Achtsamkeit auf alle Aspekte Ihres täglichen Tuns übertragen.

Seien Sie dabei freundlich und wohlwollend mit sich, da Sie vermutlich rasch feststellen, wie rastlos Ihr Geist ist. Wenn Sie genau dies wahrnehmen, sind Sie schon wieder achtsam. Machen Sie sich bewusst, dass es nichts zu verändern gibt, sondern einzig und allein darauf ankommt, den gegenwärtigen Moment möglichst wach und bewusst wahrzunehmen.

Eine dritte Übung könnte darin bestehen, freudvolle Momente bewusst wahrzunehmen, um sie damit zu intensivieren. Gleichzeitig haben Sie damit einen inneren Schatz, der »geistige Nahrung« für spätere Zeiten sein kann. Vielleicht kennen Sie die Kindergeschichte von der Maus Frederick, die anders als ihre Genossen während der Sommermonate nicht Nahrung, sondern Farben, Eindrücke und Geschichten sammelt. Zunächst sind die Mäusekameraden über diese »Faulheit« erbost, als im Winter allerdings die Vorräte zu Ende gegangen sind, erinnern sie sich an Frederick und bitten ihn darum, sie an seinem inneren Schatz teilhaben zu lassen.

RESSOURCEN – KRAFTQUELLEN DES LEBENS

Niemand kann einen anderen Menschen gesund machen. Jede Heilung ist immer und grundsätzlich Selbstheilung. Die ärztliche Kunst besteht darin, diesen Prozess der Selbstheilung zu unterstützen.
Gerald Hüther

Einstiegsfragen: Welche Kraftquellen nutzen Sie, um die Stromschnellen des Lebens zu meistern? Welche dem Anschein nach unbedeutenden Dinge Ihres Alltags helfen Ihnen dabei? Wie finden und erkennen Sie Ihre persönlichen Ressourcen?

Vielleicht erinnern Sie sich noch an die wahre Geschichte, die sich im August 2012 in den Tiroler Alpen ereignete. Der erfahrene 70-jährige Bergsteiger Manfred Walter war in eine fünfzehn Meter tiefe Gletscherspalte gefallen, sechs Tage später wurde er lebend geborgen. Er überlebte auf einem kleinen Eisvorsprung umgeben von tödlich kaltem Gletscherwasser.

Später berichtete er, wie er sich langsam mit seiner Situation vertraut gemacht hatte. Er holte zunächst seine Badelatschen aus dem Rucksack und legte sie auf eine Isolierdecke, so saß er einigermaßen kältegeschützt. Dann suchte er ein sicheres Plätzchen für seine Vorräte und setzte sich eine Unterhose auf, da er seine Mütze beim Sturz verloren hatte. Schließlich teilte er seinen Proviant ein und rationierte vor allen Dingen die Trinkmenge. Herabtropfendes Gletscherwasser versuchte er aufzufangen, um so seine Trinkvorräte zu strecken. Trotz seines heftigen Durstgefühls zwang er sich, nur geringe Mengen zu sich zu nehmen. Gegen die Kälte nutzte er ein einfaches Prinzip, er atmete in seine Kleidung aus und legte beide Hände unter seine Achseln, um Erfrierungen vorzubeugen.

Hunger hatte er keinen, nur die Schokolade nahm er in kleinen Stücken zu sich, wobei er sich jedes Mal vorstellte, eine heiße Schokolade zu trinken. Und dann, erzählte er später, habe er gebetet. Nicht nur für sich selbst, sondern vor allem für seine Lieben! Dabei habe er Gespräche mit ihnen imaginiert. Um nicht einzuschlafen, weil er sonst einen Absturz in die Tiefe befürchten musste, begab er sich in einen Dämmerzustand, in dem er häufig Leckereien vor seinem inneren Auge sah und sich an ihnen erfreute. Und er vertrieb sich die Zeit, indem er Figuren in den Schneekristallen zu deuten begann. Für kurze Momente, so gibt er zu, habe er auch an Selbstmord gedacht, doch der Gedanke an seine Lieben habe ihn stets abgehalten. Schließlich rechnete er sich aus, dass durch einen nahenden Feiertag und die Zunahme der Bergtouristen die Wahrscheinlichkeit für eine Rettung steigen würde, was nochmals alle Kräfte mobilisieren half. Als er schließlich durch Rettungskräfte aus der Gletscherspalte gezogen und in einem Krankenhaus weiterbehandelt wird, bescheinigen die Ärzte ihm einen erstaunlich robusten Gesundheitszustand, der die durchgemachten Strapazen nicht vermuten lässt.

Diese Geschichte handelt von Ressourcen, über die wir alle verfügen. Manfred Walter überlebte, weil er einen ganzen Rucksack voller Ressourcen zu nutzen wusste. Vermutlich hätte er selbst vor seinem Absturz etliche der eingesetzten Ressourcen nicht benennen können, ja vielleicht würde ihm dies auch im Nachhinein nicht sofort einfallen. Vielleicht könnte das Aufzählen aller in dieser Geschichte auffindbaren Ressourcen sogar eine kleine Denksportaufgabe sein ähnlich der Suchbilder, in denen etwas versteckt ist, was man nicht auf den ersten Blick erkennen kann. Oftmals ist es der Blick von außen, der die eigenen Fähigkeiten und Stärken erkennen hilft.

Ressource, das kann man am eben beschriebenen Beispiel sehen, kann nämlich fast alles werden, wenn wir es zu nutzen wissen. Der Lebenswille, Überzeugungen und Werte, Gefühle von Verbundenheit mit Gott und Menschen, Wissen und Bildung, Fähigkeiten wie Geduld und Kreativität, physische Merkmale wie Kraft und Ausdauer sowie unsere zwischenmenschlichen Beziehungen, selbst wenn wir sie nur vor unserem geistigen Auge imaginieren.

Und so verwundert es auch nicht, dass jene Patienten in einer Psychotherapie erfolgreicher abschneiden, die über Ressourcen verfügen und diese zum Einsatz bringen. Dafür braucht es allerdings oft einer Anleitung, sonst wäre man ja nicht in Psychotherapie gekommen.

Doch der Blick auf die Ressourcen liegt zunächst einmal gar nicht so nahe. Nicht nur die Psychotherapie litt und leidet bis heute unter einer Problemperspektive, es scheint uns Menschen grundsätzlich leichter zu fallen, Probleme, Belastungen und Schwierigkeiten zu sehen als das Gegenteil. Möglicherweise verlernen wir eine positive Sicht auf die

Welt auch im Verlauf unserer Entwicklung; es ist doch bedenkenswert, dass ein Kleinkind noch etwa vierhundertmal am Tag lacht, während dies ein Erwachsener nur noch zehn- bis fünfzehnmal tut. Man könnte nun lange darüber nachdenken und diskutieren, warum uns das Lachen vergangen ist.

Aber auch das wäre wieder ein Verharren in einer Problemtrance. Eines scheint aus Sicht der Evolution allerdings zuzutreffen: Es war über Millionen von Jahren in der Menschheitsgeschichte von großem Überlebensvorteil, Probleme und Gefahren zu sehen und sich zu allererst darauf zu fokussieren.

Heute allerdings benötigen wir zum Überleben vermutlich mehr denn je den Blick auf die andere Seite. Ressourcenaktivierung richtet den inneren Scheinwerfer auf das Gelingen, die persönlichen Stärken und Fähigkeiten und die sich daraus ergebenden positiven Resultate.

Hier schließt sich der Kreis. Die Glücksforschung der positiven Psychologie hat längst den Beweis dafür erbracht, dass die Beschäftigung mit Stärken wesentlich lohnender ist als das Ausmerzen von Schwächen.[29] Und die Perspektive der Selbstwirksamkeit wiederum belegt, dass genau diese Menschen erfolgreicher und zufriedener durchs Leben gehen, die über diese Grundfähigkeit verfügen. Auch sie ist wieder eine Ressource.

Ob etwas für mich zur Ressource wird, kann ich an folgenden Orientierungspunkten ablesen:[30]

- Ressourcen sollten **konkret** sein: »Dass ich gestern meine Stimmung mit meinem Lieblingsstück von Mozart heben konnte, hat mir geholfen!«
- Ressourcen sollten für die jeweilige Person **bedeutsam** sein und ihr Wohlbefinden fördern, das heißt, eine Ressource kann nicht von außen bestimmt werden! »Dass ich mich vorhin aufraffen konnte und mit dem Fahrrad in die Stadt gefahren bin, fühlt sich gut an. Ich habe das Gefühl, körperlich aktiv gewesen zu sein, und kann mich jetzt viel besser entspannen.«
- Diese positive Resonanz ist **körperlich erfahrbar**: Der Puls sinkt, Entspannung tritt ein, mit anderen Worten: Der Parasympathikus übernimmt das Kommando. Ferner kann es zu einer inneren und äußeren Aufrichtung kommen: »Ich gehe viel aufrechter, meine Atmung fühlt sich freier an, das tut gut!«
- Ressourcen **passen** zum jeweiligen Problem: Ein Hammer ist dann brauchbar, wenn ich Nägel in die Wand schlagen will, um ein Bild aufzuhängen, und nicht um den Rasen zu mähen!

- Ressourcen, die ich für etwas Bestimmtes nutze, sollten **nicht zu** **»unerwünschten Nebenwirkungen«** führen, zum Beispiel eine für mich wichtige Beziehung gefährden.

Ressourcen tragen also zum Gelingen des Lebens wesentlich bei. Oft nutzen wir sie, ohne uns ihrer bewusst zu sein, gelegentlich allerdings scheint uns der Zugriff auf unsere Ressourcen zu fehlen oder irgendetwas blockiert den Zugang zu ihnen. Wie lassen sich diese in uns wohnenden Kraftfelder nutzen, wie können wir sie leichter zugänglich machen?

Unsere persönliche Kraft will gebündelt sein, sie will eingesetzt werden, so wie ein Langstreckenläufer beispielsweise trainiert, um eine bestimmte Distanz entspannt zu meistern oder um bei einem Wettkampf erfolgreich teilnehmen zu können. Mit anderen Worten: Es sind häufig Ziele, egal ob kleine oder große, die uns motivieren, die uns auf den Weg bringen und damit Zukunft eröffnen.

Ziele, die zu **mir** passen, gehen mit einer deutlich höheren Zufriedenheit, Motivation und letztlich einer besseren seelischen Gesundheit einher als fremdbestimmte Ziele. Dass etwas zu mir passt, spüre ich daran, dass es mich packt, mich begeistert. Begeisterung trägt dann dazu bei, bei der Sache zu bleiben, auch wenn es zunächst mühsam ist, aber gerade dadurch gelange ich letztlich zum Erfolg. Beim Laufenlernen eines Kleinkindes kann man das auf eindrucksvolle Weise beobachten: Trotz zahlreicher Stürze und Hindernisse führen der unbedingte Wille und die Begeisterung für den kleinen Fortschritt zum Erfolg! Heute kann sich keiner von uns mehr daran erinnern, auch nicht daran, wie es sich anfühlt, nicht laufen zu können, wir tun es einfach.

Es macht allerdings einen Unterschied, wie ich Ziele formuliere. Die Psychologie kennt Vermeidungsziele, wie sie uns allen vertraut sind. Sie werden zum Beispiel gerne zu Silvester formuliert: Ich will nicht mehr rauchen, ich will nicht mehr so schnell aus meiner Haut fahren etc. Ihnen stehen die Annäherungsziele gegenüber, die, wie der Name bereits verrät, sich an ein gefasstes Ziel (langsam) annähern. Ein solches Ziel könnte beispielsweise lauten: Ich achte gut auf meine Gesundheit, ich bin im Alltag gelassen und flexibel etc.

Der wesentliche Unterschied zwischen diesen beiden Zielbeschreibungen besteht nun darin, dass Annäherungsziele bereits dann schon mit positiven Gefühlen einhergehen können, wenn ich mich auf sie zubewege, ohne sie bereits vollständig erreicht zu haben. Genau auf diese Weise wirken sie motivierend und selbstverstärkend, sie induzieren sozusagen den Ressourcenblick. Das Gegenteil geschieht mit Vermeidungszielen. In der Regel sind sie negativ konnotiert und müssen bereits dann als gescheitert gelten, wenn sie nicht vollständig erreicht worden sind. Und auch wenn das Ziel ganz erreicht wurde, wie beispielsweise das Beenden des Rauchens, so würde im inneren Bewertungssystem ein einziger Zug an einer Zigarette erneutes Versagen bedeuten. Was dies motivationspsychologisch bedeutet, ist leicht vorstellbar. Genau dieser Aspekt trägt bei Rückfällen in ein Suchtverhalten zur weiteren Eskalation und Aufrechterhaltung bei nach dem Motto: »Hab ich's doch gleich gesagt, ich bin halt ein Versager.« Würde es mir hingegen gelingen, den sogenannten Rückfall als einmaligen Vorfall oder als eine nützliche »Ehrenrunde« zu betrachten, würde sich die Perspektive und damit die Umgangsweise mit meinem Verhalten erheblich ändern: »Heute hab ich mal einen Ausflug in die Vergangenheit gemacht, ab sofort starte ich wieder in der Gegenwart.«

Die Sache mit den Annäherungszielen ist allerdings etwas kniffeliger, als es auf den ersten Blick erscheint – und das liegt an unserer Sprache! Es ist wichtig, Negationen ganz zu vermeiden, weil sie von unserem in der Bildersprache arbeitenden Motivationssystem nicht verstanden werden. Auch Worte wie »furchtlos, schmerzfrei, stressfrei, unwichtig« sind versteckte Vermeidungsziele, die der Emotionen verarbeitende Teil unseres Gehirns (Hippocampus) nicht versteht. Mit jedem Komparativ in der Sprache geht es ihm genauso. Das Ziel, gelassener sein zu wollen, ist ein Beispiel dafür: gelassener als was? Solche Unklarheiten blockieren Handlungsimpulse und Motivation! Ähnlich verhält es sich mit den Modalverben »werden, möchten, können«. Das heißt nun nicht, dass ein Ziel wie »ich möchte gelassener durchs Leben gehen« falsch ist, nein, nur die Sprache ist ungeeignet, es zu erreichen.

Für geeignete Formulierungen gibt es »Bastelanleitungen«, die beispielsweise folgendermaßen beginnen könnten: Ich darf, erlaube mir, gönne mir, genieße, schenke mir etc. Unser oben genanntes Ziel könnte dann folgendermaßen lauten: »Ich erlaube mir, in den Turbulenzen des Lebens gelassen zu reagieren«!

Wichtig ist hierbei natürlich die persönliche Autonomie, das Ziel muss von mir persönlich erreichbar sein und es muss zu mir passen. Das kann ich recht schnell überprüfen, wenn ich darauf achte, welche Resonanz ein bestimmter Begriff bei mir auslöst. Stellt für den einen der Begriff Gelassenheit etwas Erstrebenswertes dar, kann das gleiche Wort bei einem anderen Aversionen auslösen. Nehmen Sie für Ihre Zielformulierung daher nur Begriffe, für die Ihr intuitives Körperwissen grünes Licht gibt.

Schließlich, da wir so gerne in gewohntes Fahrwasser geraten, benötigen wir Erinnerungshilfen für die wiederholte Aktivierung gewünschter Ziele, zum Beispiel eine Körperhaltung, die meiner Zielformulierung entspricht und ihr Nachdruck verleiht. Unterstützt wird dies durch möglichst vielfältige bildhafte Erinnerungsanker, zum Beispiel Postkarten, beschriebene Aufkleber oder Symbole. So berichtete mir ein Patient, dass er an verschiedenen Stellen seiner Wohnung Zettel angebracht hatte, mit der Erinnerung, aufrecht zu gehen. Mit der gleichen Absicht hatte er sich die Freiheitsstatue der USA in Kleinformat auf den Frühstückstisch gestellt. Auch die morgendliche Weckmelodie diente der gleichen Botschaft. Nun gab es zahlreiche Erinnerungshilfen, die das neue Verhalten unterstützten – mit Erfolg!

Ressourcen lassen sich also über persönliche Ziele aktivieren. Genauso können Vorbilder dabei behilflich sein, eigene Fähigkeiten zu Tage zu fördern. Sie sind es, die beispielsweise den zehnjährigen Jungen begeistert zur Gitarre greifen lassen, wenn er sein Idol beim Gitarrespielen beobachtet. Vorbilder können auch die Begeisterung für Fußball oder die Freude am Lesen entdecken helfen. Auch Eltern sind bedeutsame Rollenvorbilder.

Ebenso wie die Energieressourcen der Sonne unendlich zu sein scheinen, sind dies auf andere Art die menschlichen Ressourcen auch. Wie wir eingangs gesehen haben, kann letztlich alles zu Ressourcen werden, entscheidend ist der jeweilige Blick darauf. Deshalb ist es für das persönliche Wohlergehen, die seelische und körperliche Gesundheit von großer Bedeutung, so oft wie möglich den Blick auf die eigenen Ressourcen zu richten. Wenn Menschen in Psychotherapie kommen, treffen sie hoffentlich auf Therapeuten, die diese Sichtweise unterstützen. Aber auch im Alltag lohnt es sich, diese Sichtweise für sich selbst immer wieder einzunehmen. Die Resonanz des eigenen Körpers kann dabei ein wesentlicher Baustein werden, da sich hier ganz unmittelbar Stimmigkeit beziehungsweise Passung zeigt. Mit Achtsamkeit lässt sich das Bewusstsein für die Weisheit des eigenen Körpers verbessern (vgl. Kapitel Achtsamkeit). Je besser ich lerne, diese mitunter sehr feinen Rückmeldungen meines Körpers zu verstehen, desto ressourcenvoller und lebendiger werde ich mich fühlen.

Der letzte Absatz des Romans von Toni Jordan »Tausend kleine Schritte«[31] fasst das, was Ressourcen sein können, auf eine sehr einfache Weise zusammen:

»Die meisten Menschen verpassen ihr ganzes Leben, weißt du. Leben heißt nicht, auf einem Berggipfel zu stehen und den Sonnenuntergang zu beobachten. Leben heißt nicht, am Altar zu warten oder auf den Augenblick, wenn dein Kind zur Welt kommt, oder das eine Mal, als du im tiefen Wasser geschwommen bist und ein Delphin neben dir schwamm. Das sind Bruchstücke. Zehn oder zwölf Sandkörner, eingestreut in dein gesamtes Dasein. Aber sie sind nicht dein Leben. Leben heißt Zähne putzen, ein Sandwich belegen, Nachrichten sehen, auf den Bus warten. Einen Spaziergang machen. Jeden Tag passieren tausend winzige Ereignisse, und wenn du nicht aufpasst, wenn du nicht vorsichtig bist, wenn du sie nicht einfängst und dafür sorgst, dass sie zählen, könntest du es verpassen. Könntest du dein ganzes Leben verpassen.«

Ressourcen tragen zum Gelingen des Lebens wesentlich bei! Deswegen ist es auch nicht verwunderlich, dass alle in diesem Buch genannten Perspektiven zu Ressourcen werden können. Sie aktivieren gesundheitsförderliche Netzwerke – in unseren Gehirnen und in unseren Beziehungen! Ressourcen sind stets vorhanden und müssen dennoch entdeckt werden, sie sind verfügbar und müssen dennoch aktiviert werden, sie sind täglich erfahrbar und müssen dennoch eingeübt werden!

Gelingt dies, erwarten uns immer wieder aufs Neue Glücksmomente!

VERTIEFENDE FRAGEN UND ANREGUNGEN ZU RESSOURCENAKTIVIERUNG

Wenn Sie mögen, nehmen Sie sich etwas Zeit für sich und die Beantwortung der folgenden Fragen. Notieren Sie Ihre Antworten! Vielleicht mögen Sie auch mit Ihrem Partner beziehungsweise Ihrer Partnerin oder Freunden über Ihre Antworten ins Gespräch kommen.

Über welche Fähigkeiten und Stärken verfügen Sie? Wann haben Sie diese zuletzt eingesetzt? Woran haben Sie gespürt, dass diese Fähigkeiten und Stärken Ihre ganz eigenen sind? Wenn Sie mögen, lade ich Sie zu einer Zeitreise durch Ihr bisheriges Leben ein: Versetzen Sie sich zurück in Ihr 9., 19., 29., 39. ... Lebensjahr! Welches Erlebnis fällt Ihnen ein, bei dem Sie Ihre Fähigkeiten erfolgreich zum Einsatz brachten? Treffen Sie dabei auf ähnliche oder auch sehr unterschiedliche Fähigkeiten? Und: Sind es vielleicht Fähigkeiten, an die Sie schon lange nicht mehr gedacht haben und die nur darauf warten, wieder zum Einsatz zu kommen?

▷ Gibt oder gab es Vorbilder in Ihrem Leben, die Sie in diesen Fähigkeiten unterstützt haben oder Sie dazu anregten?

▷ Meine intensivsten Momente von persönlicher Stärke erlebte ich heute, als ...

▷ Ich musste lächeln und fühlte mich zufrieden, als ich daran dachte ...

▷ Ich finde Ruhe oder Entspannung, wenn ich ...

▷ Wenn ich wohlwollend meinen Organismus betrachte, stelle ich erstaunt fest, dass ...

RESILIENZ – ÜBER DIE WIDERSTANDSKRÄFTE DES LEBENS

Zwischen Reiz und Reaktion gibt es einen Raum. Hier haben wir die Freiheit und die Macht, unsere Reaktion zu wählen. In unserer Reaktion liegen unser Wachstum und unsere Freiheit.
Viktor Frankl

Einstiegsfragen: Haben Sie schon einmal die Erfahrung gemacht, dass Sie an einer Herausforderung gewachsen sind? Einer Herausforderung, die Sie lieber vermieden hätten, die Sie sich nicht ausgesucht haben, durch die Sie aber gerade Fähigkeiten erworben haben, die Sie in anderen Situationen gut gebrauchen konnten?

»Ein Mensch konnte nichts Schönes und Gesundes sehen. Als er in einer Oase einen jungen Palmbaum im besten Wuchs fand, nahm er einen schweren Stein und legte ihn der jungen Palme mitten in die Krone. Mit einem Lachen ging er weiter. Die Palme versuchte, die Last abzuwerfen. Sie schüttelte und bog sich. Vergebens. Sie krallte sich tiefer in den Boden, bis ihre Wurzeln verborgene Wasseradern erreichten. Diese Kraft aus der Tiefe und die Sonnenglut aus der Höhe machten sie zu einer königlichen Palme, die auch den Stein hochstemmen konnte.
Nach Jahren kam der Mann wieder, um sich an dem Krüppelbaum zu erfreuen. Da senkte die kräftige Palme ihre Krone, zeigte den Stein und sagte: ›Ich muss dir danken. Deine Last hat mich stark gemacht.‹«[32]

Diese Geschichte von der Palme mit dem Stein verdeutlicht die Fähigkeit, am Widerstand zu wachsen, um die es in diesem Kapitel gehen soll. Resilienz beschreibt die Fähigkeit, Schwierigkeiten und Krisen mittels eigener Ressourcen zu meistern und für die persönliche Entwicklung zu nutzen. Der Begriff ist aus dem Lateinischen hergeleitet (lat. resilire = zurückspringen) und kann im Rahmen unserer

Thematik am besten mit »Widerstandskraft« wiedergegeben werden. Ursprünglich kommt der Begriff aus der Industrie beziehungsweise der Baukunde, wo er die Biegsamkeit von Materialien (biegen statt brechen) beschreibt. Die Psychologie hat diesen Begriff für die Gesundheitsforschung entdeckt und ausgebaut. Ganz ähnlich wie bei der Salutogenese beschäftigt man sich in der Resilienzforschung mit den Faktoren, die dazu beitragen schwierigste Lebensbedingungen und traumatische Lebensereignisse zu überstehen, ohne an ihnen zu zerbrechen.

Die Psychologin Emmy Werner gilt als die »Mutter der Resilienzforschung«. In ihrer berühmten »Kauai-Studie«[33] untersuchte sie über vier Jahrzehnte fast 700 Kinder aus unterschiedlichsten Verhältnissen auf der Hawaiiinsel Kauai. Ähnlich wie Antonovsky richtete sie ihren Blick auf diejenigen Kinder, die unter schwierigsten Bedingungen wie Armut, Krankheit der Eltern, Vernachlässigung, Scheidung oder Misshandlung aufgewachsen waren. Dies waren dreißig Prozent der Kinder. Von diesen Kindern entwickelte sich ein Drittel erstaunlich positiv. Emmy Werner stellte fest, dass diese resilienten Kinder über Schutzfaktoren verfügten, die die negativen Erfahrungen abpufferten. So fanden alle Unterstützung und Halt durch wenigstens eine wichtige Bezugsperson. Dabei spielte es keine Rolle, ob dies ein Elternteil, ein Nachbar, ein Bruder, eine Schwester oder der Pfarrer war. Weiterhin übernahmen diese Kinder sehr früh Verantwortung, wie beispielsweise die Sorge um ein Geschwisterkind. Obschon dies vielleicht auf den ersten Blick wie Überforderung aussieht, scheint die Tatsache der sinnvollen Aufgabe ganz im Sinne von Frankl das Entscheidende zu sein und damit Widerstandskraft zu mobilisieren und der fürsorglichen Person selbst zu nützen!

Auch individuelle Eigenschaften spielten eine Rolle: ein ruhiges Temperament und Fähigkeiten, die bei Gleichaltrigen, der Peergruppe, für Anerkennung sorgten, erwiesen sich als bedeutsame Schutzfaktoren. Bedeutsam ist hier die Wechselwirkung von persönlicher Stärke und Wertschätzung bedeutender Bezugspersonen. So kann zwar das Spielen eines Instrumentes an sich schon Ressource sein; zu einem persönlichen »Pfund«, mit dem ich wuchern kann, wird sie aber erst dann, wenn andere mein Spiel cool finden und mich damit vielleicht zur Gründung einer Band motivieren.

Durch den langen Beobachtungszeitraum kam Emmy Werner auf eine weitere wichtige Erkenntnis: Widerstandsfähigkeit ist erlernbar! Ein großer Teil der im Jugendalter durch schlechte Schulleistungen, Aggressivität oder gar Kriminalität Auffälligen hatte im mittleren

Erwachsenenalter zu einem erfolgreichen Leben gefunden. Diese zunächst problematischen Jugendlichen hatten die schwierigen Startbedingungen durch persönliche Weiterbildung, Heirat oder langdauernde Beziehung zu einem stabilen Partner, Einbindung ins Arbeitsleben oder religiöses Eingebundensein wettgemacht.

Zu einem ganz ähnlichen Ergebnis kommt im Übrigen die »Bielefelder Invulnerabilitätsstudie«, die 144 Heimkinder untersuchte, von denen sich immerhin 66 Jugendliche als resilient erwiesen.

Was aber ist mit denen, die sich nicht positiv entwickelten? Handelt es sich hierbei um hoffnungslose Fälle? Die Resilienzforschung widerspricht dem, sie geht davon aus, dass Widerstandsfähigkeit zu jeder Zeit im Leben durch Unterstützung erlernbar ist.

Sieben Fertigkeiten und Lebenseinstellungen, die zur Steigerung von Resilienz beitragen, hat die Wissenschaft beschrieben.[34]

Bevor wir uns diesen Eigenschaften zuwenden, möchte ich nochmals den Blick auf die Biografie meines Vaters richten. Seine Startbedingungen ins Leben waren mehr als schlecht, und dennoch entwickelte er im Laufe seines Lebens mehr und mehr Resilienz. Fast scheint es so, als wäre er immer gesünder geworden ähnlich den problematischen Kindern in der Kauai-Studie. Bedeutsam waren dafür sicherlich Bezugspersonen: zunächst die eigene Mutter, die mit ihrem Hoffnungsmotto »Wir schaffen es gemeinsam« einen ganz wichtigen Samen säte, dann später die Stiefmutter, ein Jugendpastor, eine körperlich behinderte Frau, seine Lebenspartnerin und viele weitere Menschen. Ebenso wichtig war das Eingebundensein in sinnvolle Aufgaben bis zum heutigen Tage, der Halt im Religiösen und Spirituellen, der ihm half, die Rolle des Opfers zu verlassen und die Verantwortung für das eigene Leben immer wieder zu übernehmen.

Optimismus erwies sich als eine hilfreiche Lebenseinstellung. Damit ist die Fähigkeit verbunden, die Hoffnung trotz des Schweren nicht aufzugeben. Auch Humor und gelegentlich eine Portion Selbstironie können zu einer solchen optimistischen Lebenseinstellung gerechnet werden. Es spiegelt sich darin auch die Kunst, das »halbvolle Glas« zu sehen. Dieser Blick fällt sicherlich vielen Menschen, die Leidvolles erlebt haben, nicht leicht, aber er ist erlernbar: Denn wo es Schatten gibt, muss die Sonne auch scheinen, dafür muss ich den Blick auf die dem Schatten gegenüberliegende Seite richten!

Gleichzeitig erwies sich die Fähigkeit zur **Akzeptanz** des Unabänderlichen als eine Widerstandsfertigkeit. Im Annehmen des Schicksalhaften ist eine tiefe Sinnerfahrung möglich. Dies kann und muss allerdings jeder Einzelne für sich entscheiden, eine »Betriebsanleitung« oder gar »Dienstvorschrift« hierzu kann es nicht geben!

Die Haltung der Akzeptanz geht Hand in Hand mit einer nur scheinbar damit in Widerspruch stehenden **Lösungsorientiertheit**. Menschen mit dieser Haltung suchen nach Auswegen trotz Schwierigkeiten und finden sie. Sie glauben an die eigenen Kompetenzen und Handlungsspielräume! Nur so wird »ein Schuh draus«: Wer alles akzeptiert, ohne nach möglichen Lösungen zu suchen, verkehrt die Kraft der Akzeptanz in ihr Gegenteil.

Weiter spielt die **Verantwortungsübernahme** für die jeweilige Situation eine entscheidende Rolle. Wer trotz des hinzugefügten Leides die **Opferrolle verlassen** kann, wird wieder handlungsfähig. Dies zeigen eindrucksvoll viele Biografien, unter anderen die bereits zitierte von Viktor Frankl. Viele Menschen finden Trost darin, sich mit Lebensgeschichten von »Überlebenskünstlern«[35] zu beschäftigen. Vielleicht mögen auch Sie das auch tun.

Philip Oprong Spenner, der als Waise und Straßenjunge in Afrika überlebt hat, schreibt in seinem eindrucksvollen Buch »Move on up« Folgendes dazu: »Aber ich merkte im Laufe der Jahre, dass es nicht auf die körperliche Größe des Kämpfers ankommt, sondern auf seine Herzensgröße. Ich durfte mich nicht als Opfer betrachten. Mein Kampf wäre genau in dem Moment hoffnungslos verloren gewesen, wenn ich mich wehrlos in mein Schicksal gefügt hätte. Stattdessen suchte ich nach einer inneren Stärke, die mir dabei helfen konnte, die körperlichen Schmerzen auszuhalten. Das war natürlich kein bewusster Prozess, dazu war ich viel zu jung, sondern eher etwas Instinktives.«[36]

Ein kleines Beispiel mag diesen so wichtigen Perspektivwechsel verdeutlichen: Wenn mir eine Tasse zu Boden fällt, könnte ich dies der Schwerkraft zuschreiben oder aber der Tatsache, dass ich sie habe fallen lassen. Das erste Mal bin ich Opfer der Schwerkraft, das andere Mal selbst der Verantwortliche, der beim nächsten Mal achtsamer sein kann. Verantwortungsübernahme ist manchmal unbequem, weil es dann nicht mehr die anderen, die Umstände etc. sind, hinter denen ich mich verstecken kann. Sie verhilft auf der anderen Seite zu einer Erfahrung von Freiheit und Lebendigkeit: Wenn es so ist, dann kommt es auf mich an!

Ein entscheidender weiterer Faktor für seelische Widerstandsfähigkeit ist die **soziale Verbundenheit**. Wer Menschen hat, die ihn unterstützen und auch durch schwierige Situationen tragen, wird es in vielerlei Hinsicht leichter haben. Man könnte es auch lapidar mit dem Titel eines schönen französischen Spielfilms zum Ausdruck bringen: »Zusammen ist man weniger allein«. Dies bedeutet auch, sich selbst als Partner und Freund für andere zur Verfügung zu stellen (vgl. Kapitel Verbundenheit).

Schließlich erweist sich die Fähigkeit zu einer **Zukunftsorientierung** als bedeutsam für seelische Widerstandsfähigkeit. Wer den Blick nach vorn richten kann, vermag so manche Schluchten und Stromschnellen zu überwinden. Er findet sich mit dem Status quo nicht ab. Er entwickelt eine Vision einer besseren Zukunft für sich und mobilisiert damit Kräfte. Er glaubt an Veränderung und findet leichter den Mut, heute damit zu beginnen. Er glaubt an sich und ist damit im besten Sinne selbstwirksam! Ohne ein Ziel würde zum Beispiel der Bogenschütze gar nicht wissen, wohin er schießen soll, und würde es vermutlich ganz lassen! Er wird erst durch ein Ziel in der Zukunft – hier liegt sie vielleicht nur ein paar Sekunden vor ihm – zum Handeln motiviert.

Mitunter ist es auch sinnvoll und notwendig, Etappenziele festzulegen und sich für deren Erreichen zu belohnen. Wer einen Marathon bewältigen will, tut gut daran, sich über eine sehr lange Zeit darauf vorzubereiten, das tun auch die Leistungssportler. Und selbst noch während des Laufs ist genau das eine hilfreiche Strategie: die Marathondistanz in kleine Teiletappen zu zerlegen und nur so weit zu denken – so werden 42 km zu 4 x 10 plus 2 km und somit überschaubarer!

Und noch etwas ist wichtig und nicht so selbstverständlich, wie es zunächst scheint: Die Ziele müssen realistisch, sie müssen erreichbar sein. Das bedeutet, dass ich immer wieder überprüfen sollte, ob ich nicht einem hohen Ehrgeiz oder Perfektionismus aufsitze, der mich zu innerer Höchstleistung antreibt! Solche inneren Antreiber gilt es zu erkennen und sie freundlich für ein Weniger statt Mehr zu gewinnen. Manchmal benötigen Menschen hierbei Unterstützung durch andere, zum Beispiel durch Psychotherapeuten. Dabei ist zu beachten, dass solche Anteile, auch wenn sie heute belastend erscheinen, aus einer Zeit in unserem Leben stammen, in der sie sinnvoll waren und vielleicht sogar dem Überleben dienten. Vielleicht wurde mir die notwendige Wertschätzung und Anerkennung nur durch Leistung zuteil und deshalb wurde Perfektionismus zu meiner zweiten Natur.

Nicht zuletzt ist bei der Bewertung der eigenen Fähigkeiten der Vergleichspunkt entscheidend. Versuchen Sie, einen Bezugspunkt zu wählen, der Ihre Erfolge, das, was sie erreicht haben, anerkennt: Vergleichen Sie sich mit denen, die immer auf der Überholspur des Lebens zu sein scheinen und denen keine Hindernisse im Weg standen? Dann wird alles von Ihnen Erreichte klein und unbedeutend erscheinen. Schauen Sie lieber auf den Weg, den Sie schon zurückgelegt haben, und begreifen Sie, dass Sie trotz vielleicht schwieriger Ausgangsbedingungen schon weit gekommen sind. Ihr Bezugspunkt ist mit entscheidend dafür, wie Sie sich fühlen, erleben und wie Sie handeln! Wenn Sie mit einem derartigen Ressourcenblick auf Ihren Weg schauen, können Sie sagen: »Ich bin stolz auf mich!« Das ist Resilienz. Resilienz, die glücklich macht!

Resilienz

VERTIEFENDE FRAGEN UND ANREGUNGEN

Wenn Sie mögen, nehmen Sie sich etwas Zeit für sich und die Beantwortung der Fragen. Notieren Sie Ihre Antworten! Vielleicht mögen Sie auch mit Ihrem Partner beziehungsweise Ihrer Partnerin oder Freunden über Ihre Antworten ins Gespräch kommen.

Wo haben Sie in Ihrem Leben Optimismus bewiesen?

Welche Situationen haben Sie als unveränderbar akzeptiert und wo haben Sie erfolgreich eine Lösung gefunden, die zunächst nicht sichtbar war?

Wenn Sie an die vergangene Woche denken: Wo haben Sie Verantwortung gezeigt und wo die Möglichkeit des Opferseins eingetauscht gegen ein tatkräftiges Handeln?

Mit welchen Menschen fühlen Sie sich verbunden? Und wen würden Sie gerne einmal wieder kontaktieren? Tun Sie es in den nächsten drei Tagen!

Wenn Sie an Ihre Zukunft denken: Was möchten Sie sich selbst in einem Jahr über Ihre erreichten Etappen erzählen? Und wenn Sie gegenwärtig unter einem Problem leiden, woran werden Sie in einem Jahr merken, dass Sie es bewältigt haben?

POSITIVE PSYCHOLOGIE UND GLÜCKSFORSCHUNG – DIE VERABREDUNG MIT DEM GLÜCK

Mache kleine Zeichen, die »Ja« sagen, und verteile sie überall in deinem Haus.

Joseph Beuys

Einstiegsfragen: Kennen Sie Ihre persönlichen Stärken und wann haben Sie diese zuletzt bewusst wahrgenommen und wertgeschätzt? Was war Ihr letzter Glücksmoment? Wo erleben Sie innere Zufriedenheit und Zustimmung zu Ihrem Leben? Vielleicht fühlt es sich so oder ähnlich an:

Gestern Abend war es wieder einmal zu Besuch, das Glück. Der Rücken schmerzte etwas von der stundenlangen Gartenarbeit, dann hatte ich noch Marmelade aus den Himbeeren gekocht, der Duft durchzog noch das Haus, die Kinder waren glücklich im Bett, nachdem ich Ihnen noch eine lange Geschichte vorgelesen hatte, nun endlich saß ich mit einem Glas Wein und einem guten Buch auf der Terrasse. Geschafft! Was für ein Tag! Ich spürte die Kühle des Abends, eine wohlige Müdigkeit breitete sich aus, lange würde ich nicht mehr die Augen aufhalten können. Ich fühlte mich glücklich!

Lässt sich Glück beeinflussen? Sind wir unseres Glückes Schmied? Können wir optimistischer werden, wenn wir uns darum bemühen? – Die Antwort darauf lautet Ja! Und wenn erst einmal ein Anfang gemacht ist, richtet sich unser Blick zunehmend auf das Gelingen, auf die kleinen Chancen des Alltags, auf das, was vielleicht unerwartet das Zeug zum Glücklichsein hat.

Das zeigt eine Studie des britischen Forschers Richard Wiseman.[37] Sein Team hatte auf dem Weg ins Forschungslabor Geld auf dem Bürgersteig ausgelegt. Gleichzeitig hatte es in einem Café um die Ecke einen

Mitarbeiter platziert, der angeblich auf der Suche nach Angestellten war und das Gespräch mit den Versuchspersonen, die zufällig vorbeikamen, suchte. Es zeigte sich nun ein verblüffender Unterschied zwischen Optimisten und Pessimisten, deren Einstellung zum Leben in einem anschließenden Interview erfragt wurde. Erstere fanden das Geld auf Anhieb und ließen sich spontan auf das Gespräch im Café ein, um dabei von einem Jobangebot zu erfahren. Die Pessimisten hingegen übersahen das Geld und nahmen von sich aus auch das Gespräch nicht wahr. Sie verbauten sich sozusagen eine bessere Zukunft, weil sie sich von ihren bisherigen Erwartungen und Einstellungen leiten ließen. So setzten sie eine Spirale negativer Selbstwirksamkeit im Sinne der selbsterfüllenden Prophezeiung in Gang. Diese lautet: Ich erlebe, was ich erwarte; in diesem Fall eben nicht erfolgreich zu sein oder Glück zu haben.

Ein optimistischer Blick lässt sich lernen, indem wir zum Beispiel mit Alltagsgewohnheiten auf kreative Weise brechen: mal von der ungewohnten Seite aufs Fahrrad steigen, ein Buch lesen, das uns auf den ersten Blick nicht zusagt, einen anderen Arbeitsweg als gewohnt einschlagen! Der Bruch mit dem Gewohnten führt zu einer Veränderung des Alltagstrotts und kann ein erster Türöffner für neue, beglückende Erfahrungen sein. Wer hat nicht schon einmal die Erfahrung gemacht, dass die Enttäuschung über das ausverkaufte Lieblingsbrot zur Entdeckung eines neuen Favoriten führte oder das nicht mehr verfügbare Schnitzel auf der Speisekarte zu einer unerwarteten Gaumenfreude beitrug, die fortan zum Lieblingsgericht avancierte!

Vor einigen Jahren hatten wir uns lange auf eine USA-Reise gefreut, in wenigen Tagen würde es losgehen. Die Koffer waren schon halb gepackt, da kam meine Frau auf die Idee, noch einmal die Einreisebestimmungen anzuschauen. Plötzlich schlug unsere Vorfreude in Panik um: Der Kinderreisepass unserer damals 10-jährigen Tochter reichte für die Einreise nicht aus, sie benötigte auch einen Reisepass für Erwachsene. Wir setzten alle Hebel in Bewegung, doch innerhalb von drei Tagen war dieser unter keinen Umständen zu bekommen. Die lange geplante und herbeigesehnte Reise musste abgesagt werden! Die Enttäuschung von uns allen war riesig, was sollten wir nun, wenige Tage vor Beginn der Sommerferien, tun? Wir beriefen den Familienrat ein und griffen zum Telefonhörer. Vielleicht würden wir auf die Schnelle noch ein Wohnmobil finden, obwohl auch dies eher aussichtslos schien. Doch genau so kam es, jemand hatte seine Buchung storniert und wir konnten einspringen. Wir verbrachten eine wunderschöne Zeit in Frankreich und entdeckten eine ganz neue Art zu reisen. Im Folgejahr holten wir dann übrigens unsere USA-Reise nach, die nicht besser hätte geplant sein können, da wir jetzt unseren Sohn dort zu seinem Auslandsaustausch begleiten konnten.

Die positive Psychologie hat einen sehr ähnlichen Perspektivwechsel vorgenommen wie die Salutogenese. Sie ist eng verknüpft mit dem Namen Martin Seligman, der sich interessanterweise als Professor für Psychologie jahrelang mit der Erforschung der anderen, problemfokussierten Seite der Psychologie befasste und als Begründer der erlernten Hilflosigkeit gilt. Seinen Perspektivwechsel beschreibt er folgendermaßen:

»Nach 10 Jahren Arbeit über Hilflosigkeit habe ich meine Meinung darüber geändert, was in Experimenten über erlernte Hilflosigkeit wirklich geschieht. Alles fing mit einigen im Grunde ärgerlichen Befunden an, von denen ich immer hoffte, sie würden verschwinden. Nicht alle Ratten und Hunde werden nämlich hilflos, wenn sie Schocks ausgesetzt werden, denen sie nicht entkommen können; und nicht alle Menschen werden hilflos, wenn man sie unlösbaren Problemen oder z. B. Geräuscheinwirkungen aussetzt, denen sie nicht entkommen können. Etwa einer von dreien gibt einfach nicht auf – ganz gleich, was wir mit ihm oder ihr anfangen. Mehr noch, einer von acht ist von vornherein hilflos – er oder sie braucht überhaupt keine Erfahrung der Unkontrollierbarkeit, um aufzugeben. Anfangs hatte ich versucht, dies unter den Teppich zu kehren, aber nach 10 Jahren war endlich die Zeit gekommen, diese konstant auftretende Abweichung (von meiner Theorie) ernst zu nehmen. Was gewährt einigen Menschen jene Stoßdämpfer-Stärken, die sie gegen Hilflosigkeit immun machen? Wie verhält es sich bei anderen Menschen, die schon bei der geringsten Belastung zusammenbrechen?«[38]

Martin Seligman macht »ein authentisches Glücksempfinden«[39] für diese »Stoßdämpfer-Stärken« verantwortlich. Es entwickelt sich dadurch, dass Menschen um ihre grundlegenden Stärken wissen, diese pflegen und möglichst täglich einsetzen, und zwar in den Lebensbereichen Arbeit, Familie und Partnerschaft. Diese Stärken sind Schutz- und Resilienzfaktoren, sie gehen grundsätzlich mit positiven Gefühlen einher und tragen dazu bei, dass negative Gefühle dadurch rasch in den Hintergrund treten.

Glückliche Menschen verfügen über Fähigkeiten, die wir bereits aus der Salutogenese kennen. Sie betrachten Probleme als durchschaubar, kontrollierbar und lösbar. Darüber hinaus zeichnen sich glückliche Menschen durch eine Beziehungsfähigkeit aus, die ihrerseits wieder als Belohnung erlebt wird. Dabei macht es einen Unterschied, ob ich mich einem angenehmen Vergnügen (zum Beispiel einem Ausflug in einen Freizeitpark) oder einer humanitären Handlung (zum Beispiel einer ehrenamtlichen Tätigkeit in einem Seniorenheim) widme. Letztere hat eine deutlich längere Halbwertszeit von Glücksgefühlen. Eine solche optimistische Grundhaltung ist lernbar. Seligman bescheinigt sich selbst einen solchen Lernprozess, er sei lange eher ein pessimistischer Mensch gewesen, bevor er sich der Glücksthematik zuwandte und seine Sicht der Dinge veränderte.

Glück lässt sich steigern, wenn wir uns mit den eigenen Stärken beschäftigen. Stärken zeichnen sich dadurch aus, dass sie zu verschiedenen Zeitpunkten und in unterschiedlichen Situationen verfügbar sind und dass sie einen Wert an sich darstellen. So kann beispielsweise Musikalität das Leben in vielen Situationen bereichern, sie kann helfen, Kontakte zu knüpfen, kann Trost und Freude spenden etc. Darüber hinaus zeichnen sich Stärken durch ein Win-win-Erleben aus, das für alle beteiligten Seiten von Vorteil ist. An der eigenen Musikalität können sich andere genauso wie man selbst erfreuen. Schließlich können die eigenen Stärken unterstützt werden durch Rituale, Rollenvorbilder, Lebensregeln – um noch einmal bei der Musik zu bleiben: Welcher Hobbymusiker wurde nicht schon von einem großen oder kleinen Vorbild ermutigt!

Oder nehmen wir die Stärke und Fähigkeit des Einfühlungsvermögens: Wer sie beherrscht, kann überall auf sie zurückgreifen; sie ist wertvoll und stellt für alle Beteiligten einen Gewinn dar. Denn wer sich gut in andere hineinversetzen kann, wird immer wieder feststellen, wie viel Dankbarkeit und Wertschätzung zu ihm zurückgelangt. Für eine solche Haltung gibt es zahlreiche Vorbilder. Auch wundert es nicht, dass es Rituale für Empathie gibt, ein überholtes ist der Beichtstuhl, ein modernes die Psychotherapiesitzung.

Sowohl in Beratung und Psychotherapie wie auch im persönlichen Bemühen sollten wir uns deshalb weniger um die Korrektur von Schwächen als vielmehr um das Fördern von Stärken kümmern!

Woran erkenne ich meine Stärken? Wenn ich aus einer Stärke heraus handle, habe ich Gefühle wie Begeisterung, Freude und Motivation. Eine Stärke motiviert mich zu eigenen Projekten und Aktivitäten. Das Lernen fällt leicht und geschieht mühelos. Stärken sind gekennzeichnet von einem Gefühl der Authentizität, also dem Erleben, die richtige Person am richtigen Platz zu sein.

Lange Zeit wurde in der Evolutionsbiologie nur der Nutzen von negativen Emotionen gesehen, der darin besteht, die betroffene Person zu schützen und somit das Überleben zu sichern. Dieser Aspekt stellt allerdings nur die eine Seite der Medaille dar. Die andere Seite lässt sich sehr eindrucksvoll an folgendem Experiment belegen:

In einem sehr einfachen Versuch wurde die Problemlösefähigkeit von Menschen untersucht.[40] Drei Gruppen von internistischen Ärzten wurden vor eine schwierige diagnostische Aufgabe gestellt. Die erste bekam zuvor eine Süßigkeit, die zweite einen humanistischen Text zu lesen, die dritte wurde direkt an die Aufgabe herangeführt. Erstaunlicherweise erhöhte die kleine, vermutlich mit Glücksgefühlen einhergehende Unterstützung in Form von Süßigkeiten die Problemlösefähigkeit der internistischen Ärzte auf bedeutsame Weise.

Positive Gefühle und insbesondere Glück lassen sich beeinflussen, fördern und gezielt nutzen! Dabei spielen die äußeren Gegebenheiten wie unsere genetische Ausstattung und unsere Lebensbedingungen eine unbedeutendere Rolle, als lange vermutet und propagiert wurde! Es gibt Eigenschaften, die sich wenig verändern lassen wie zum Beispiel die sexuelle Orientierung. Andere Eigenschaften allerdings wie Pessimismus oder Furchtsamkeit lassen sich sehr deutlich beeinflussen. Aus einem Pessimisten kann also durchaus ein Glückspilz werden. Unser Gehirn ist erstaunlich lernfähig bis ins hohe Alter. Selbst unsere Gene, die bis vor kurzem als die unveränderbare Hardware unseres Organismus betrachtet wurden, erweisen sich als beeinflussbar! Die seit einigen Jahren aufkommende Forschung der Epigenetik beschäftigt sich genau mit dieser Veränderbarkeit von genetischen Faktoren durch Umwelteinflüsse. Sie konnte nachweisen, dass Umweltbedingungen wesentlich dazu beitragen, welche Genabschnitte gelesen und somit genutzt werden und welche stumm geschaltet sind.

Erst im Dezember 2012 veröffentlichte das Max-Planck-Institut in München eine bahnbrechende Entdeckung.[41] Man hatte ein Stress-Gen entdeckt, das allerdings nur dann »angeschaltet« wird, wenn man als Kind traumatischem Stress ausgesetzt war. Anderenfalls bleibt es stumm. Ist es allerdings aktiv, steigt die Wahrscheinlichkeit, eine Stressverarbeitungsstörung, zum Beispiel eine posttraumatische Belastungsstörung, zu entwickeln. Und noch etwas fanden die Forscher heraus: Ein Mensch, bei dem dieses Gen stumm geschaltet ist, ist widerstandsfähiger. Umwelt und Gene interagieren, der alte Streit, ob etwas umweltbedingt oder genetisch ist, ist damit überwunden. Aus dem Zusammenwirken von beidem wird ein Schuh!

Die Glücksforschung räumt auch mit weiteren Mythen auf, zum Beispiel mit der Rolle, die unsere Lebensbedingungen spielen. Weder Reichtum noch Schönheit noch – und das erstaunt vielleicht am meisten – körperliche Gesundheit korrelieren mit einem hohen Glücksniveau. Die Entwicklung der reichen Industrieländer unterstreicht dies auf beeindruckende Weise. In den letzten fünfzig Jahren ist das Realeinkommen sehr deutlich gestiegen, das Glücksgefühl hingegen nicht.

Auch die extrem Reichen (ein Prozent der Bevölkerung) sind kaum glücklicher als der Durchschnitt. Entscheidend scheint zu sein, ob ich mein Geld wirklich wertschätze, reiner Materialismus wirkt hingegen glückszerstörend. Weitere gewichtige Lebensumstände sind Partnerschaften. Hier sind die Ergebnisse wenig erstaunlich und dennoch bedeutsam: Gute Ehen erhöhen die Lebenszufriedenheit deutlich, schlechte senken sie. Der Ansturm auf Partnerschaftsbörsen im Internet macht deutlich, dass sich die meisten Menschen trotz zunehmender Vereinzelung und trotz aller digitalen Vernetzung nach wie vor nach einer Partnerschaft sehnen. Möglicherweise steht vielen dabei der Wunsch nach dem perfekten Glück im Wege. Wer online nur seine »Schokoladenseiten« postet, für die er dann »geliket« wird, tut sich vielleicht schwerer, gemischte Gefühle bei sich und vermeintliche Schwächen beim anderen zu akzeptieren und damit konstruktiv umzugehen. Den perfekten Partner oder die perfekte Freundin gibt es nicht! Glücklich und zufrieden kann ich gerade auch mit dem Unfertigen und kleinen »Macken« am anderen sein.

Aber auch über Partnerschaften hinaus spielen soziale Netze eine positive Rolle im Hinblick auf Glück und Zufriedenheit (siehe hierzu auch das Kapitel über Verbundenheit). Gemeint ist damit nicht die digitale Vernetzung, sie führt nicht selten zu großer Einsamkeit, sondern die Begegnung von Angesicht zu Angesicht. Offensichtlich sind Beziehungen zu Freunden für Frauen wichtiger, während für Männer die Familie der entscheidende Hort für Glück und Zufriedenheit ist. Selbst die erfolgreichsten Wissenschaftler bewerten das Eingebundensein in Familien und Beziehungen als bedeutsamer als die beruflichen Erfolge. Wir kommen darauf im letzten Kapitel noch einmal zurück. Dies bedeutet nicht, dass man alleine nicht glücklich sein kann, es ist allerdings schwieriger. Lernen kann man es in jedem Fall!

Auch das Alter hat einen leicht positiven Einfluss. Anders als vielleicht gedacht, steigt die Lebenszufriedenheit ab sechzig an, die »jungen Alten« empfinden ihre Lebenssituation offensichtlich als glücklicher im Vergleich zu Menschen in den mittleren Lebensjahren.

Interessant und wiederum weniger erwartbar ist die Feststellung, dass negative Gefühle kaum mit positiven korrelieren, das heißt, sie schließen einander nicht aus, im Gegenteil! Dies bedeutet ganz alltagspraktisch, dass eine Enttäuschung, ein Verlust, ein Schicksalsschlag nicht ausschließt, dennoch Glück und Zufriedenheit zu erleben. Vielleicht haben Sie schon einmal erlebt, dass Sie um einen lieben Menschen trauern, und gleichzeitig können Sie sich darüber freuen, dass da andere Menschen sind, die Sie begleiten und trösten. Dann ist beides da: die Trauer und die Freude und Dankbarkeit!

Auch Gesundheit an sich stellt keinen Glücksgaranten dar, ebenso wenig verhindert Krankheit Zufriedenheit. Dies beweisen Untersuchungen an krebskranken Menschen, die sich in dieser Hinsicht kaum von gesunden unterscheiden. Entscheidend für das Ausmaß der erlebten Zufriedenheit ist vielmehr die ganz subjektive Wahrnehmung von Gesundheit, also letztlich, wie gesund wir uns fühlen.

Glück und Zufriedenheit haben also nichts mit der Abwesenheit von Problemen zu tun! Vergessen Sie diesen Mythos und Sie werden Ihrem Glück viel selbstverständlicher begegnen! Ähnlich dem Irrtum vom Abarbeiten der eigenen Schwächen, wirkt dieses Wissen befreiend: »Ich muss nicht erst alle meine Probleme gelöst haben – eine Illusion –, bevor ich bereit für die Begegnung mit dem Glück bin!«

Schließlich beschreibt Seligman die positive Auswirkung von Religiosität und Spiritualität. »Der Sinn des Lebens besteht darin, sich mit etwas Größerem zu verbinden – und je größer das ist, woran Sie sich halten, desto sinnvoller ist Ihr Leben.«[42]

Keinen nennenswerten Einfluss auf Glück und Lebenszufriedenheit haben hingegen Ausbildungsstatus, Klima, Rassenzugehörigkeit und Geschlecht, ebenso wenig lohnt es sich, auf Reichtum zu setzen und immer mehr Geld verdienen zu wollen oder permanent in neue Ausbildungen zu investieren. Auch ein verbissenes Gesundbleibenwollen ist nicht vonnöten.

Unsere Gestaltungskraft im Hinblick auf Vergangenheit, Gegenwart und Zukunft ist bedeutsam, weil nicht alleine die Fakten entscheiden, sondern unsere Einstellung dazu. Wir können auch rückblickend lernen, unsere Vergangenheit mit Genugtuung, Zufriedenheit, Erfüllung, Stolz und Behagen zu betrachten. Wir können in der Gegenwart Freude, Gelassenheit und Flow erleben und der Zukunft mit Optimismus, Vertrauen und Zuversicht entgegentreten. Die Grundvoraussetzung für all das ist eine Haltung der Dankbarkeit, die ebenfalls erlernbar ist.

Seligman berichtet von der Teilnahme an einem Dankbarkeitsritual, das ihn stark beeindruckte und veränderte. Es ging darum, einen wichtigen Menschen aus der eigenen Vergangenheit zu bestimmen, dem man Positives verdankte, dies jedoch bisher nie zum Ausdruck gebracht hatte. Man sollte genau dies in einer ritualisierten Form mit Dankbarkeitsurkunde und kurzem Anschreiben tun. Die Person sollte auch aufgesucht werden, es sollte zu einer Begegnung von Angesicht zu Angesicht kommen. »Die Wirkung des Dankbarkeitsabends war so dramatisch, dass es kein psychologisches Experiment gebraucht hat, um mich von dessen Kraft zu überzeugen.«[43] Dennoch gibt es auch hierzu erste kontrollierte wissenschaftliche Untersuchungen, die genau diese Erfahrung widerspiegeln, dass nämlich Lebenszufriedenheit und Glück mit einer Haltung der Dankbarkeit massiv anstiegen.[44] Die Erfahrung von Dankbarkeit wird mittlerweile vielfältig in psychotherapeutischen Kontexten genutzt, in denen Patienten zur Führung eines Dankbarkeitstagebuches angeregt werden. Diese Anregung erscheint einfach, ist jedoch keineswegs trivial. Insbesondere Menschen, die Schweres erlebt haben, neigen dazu, den Blick ausschließlich auf das Schwere zu richten. Hierfür gibt es mittlerweile auch gute neurobiologische Korrelate. Dennoch ist es möglich, den inneren Scheinwerfer auf Neues, in diesem Fall Gelingendes zu richten und damit bis hinein in unsere Gehirnstrukturen eine Veränderung zu bewirken.

Im Rahmen der Traumatherapie beispielsweise regen wir Menschen dazu an, sich mit dem Thema Dankbarkeit auf möglichst vielfältige Weise zu beschäftigen, zum Beispiel, Erinnerungshilfen wie Bohnen zu nutzen, die sie in einer Hosentasche bei sich tragen und bei einem positiven Erlebnis in die andere Hosentasche wandern lassen. Am Abend ist es dann möglich, die Dankbarkeitsmomente des Tages Revue passieren zu lassen und sich daran zu erfreuen. Auch die modernen Medien lassen sich hierfür kreativ nutzen. Ich kann beispielsweise gelungene Momente fotografieren oder Gedanken auf dem MP3-Player sprechen, damit sie mir nicht wieder verloren gehen.[45]

Frau S. berichtete, dass sie auf unsere Anregung hin mit einem Freude- und Dankbarkeitstagebuch begonnen habe. Sie habe sich extra ein besonders schönes Tagebuch dafür in der Stadt gekauft, das sei schon ein besonderes Erlebnis gewesen, etwas für sich zu besorgen! Sie habe angefangen, mehr auf die Momente in ihrem Leben zu achten, wenn etwas klappt und gelingt, auch schreibe sie Kleinigkeiten hinein, wie etwa das freundliche»Guten Morgen« eines Mitmenschen. Manchmal klebe sie auch Dinge in ihr Buch wie Blätter, die sie auf einer Wanderung entdeckt, diese seien dann positive Zeugnisse dieses Erlebnisses. Erstaunt habe sie schon festgestellt, dass auch das Zurückblättern hilfreich sei, dabei stoße sie auf Erinnerungen, die ihr schon fast wieder entfallen seien und die ihr dann für den Moment auch wieder ein Lächeln entlocken und Mut machen für weitere Schritte.

Seligman geht noch einen Schritt weiter. Nicht nur Dankbarkeit, sondern auch Vergebung sieht er als eine Möglichkeit, eine bittere, belastete Vergangenheitserfahrung in eine neutrale Erinnerung zu verwandeln. Durch Nichtvergeben wird der Täter nicht bestraft, durch Vergeben kann ich mich selbst befreien.

Aus traumatherapeutischer Sicht darf eine solche Haltung nie zur Verpflichtung erhoben werden, da es Menschen gibt, denen unendlich viel Leid widerfahren ist, das sie nicht vergeben können oder wollen. Das gilt es stets zu respektieren!

Wem es allerdings gelingt, zu vergeben, der wird die befreiende Wirkung spüren. Ein vermutlich bereits sehr altes hawaiianisches Ritual leitet zu einer Vergebungspraxis (Ho'oponopono) an, die für jeden anwendbar ist. Dupree schreibt in seinem gleichnamigen Büchlein dazu:»Das Geheimnis etwas empfangen zu können, liegt im Loslassen, in dem Vertrauen, dass wir loslassen dürfen, ohne verletzt zu werden. Das Vergebungsritual Ho'oponopono ist Liebe in Aktion.«[46] Dabei ist nicht die Liebe gegenüber dem Täter gemeint, sondern gegenüber mir selbst!

Die positive Psychologie tritt dafür ein, dass Glück lernbar ist. Sie betrachtet die Achtsamkeitspraxis als eine hilfreiche Grundlage, negative, pessimistische Gedanken zu erkennen und damit einer Veränderung überhaupt erst zugänglich zu machen. Dabei ist eine Sichtweise hilfreich, die das eigene Denken und Fühlen nicht automatisch als wahr, sondern als eine veränderbare Momentaufnahme betrachtet.

Gelingt uns eine Veränderung, sollten wir uns für diesen Erfolg auch belohnen und den dabei erlebten Genuss auskosten. Dies fällt uns erfahrungsgemäß schwer. Hierfür gibt es Hilfestellung aus dem Sport, wo ganz offensichtlich genau das am besten gelingt, jubelnd die Hände in die Luft zu werfen, uns mit anderen abzuklatschen oder gar einen Luftsprung zu machen. Warum sollte das nicht auf andere Erfolge im Alltag übertragbar sein, warum sich nicht auf die Schulter klopfen oder eine andere passende Geste finden, wenn mir etwas geglückt ist!? Wichtig ist: Auch die kleinen Erfolge dürfen bejubelt werden!

Die positive Psychologie lädt dazu ein, sich im Sinne der Flow-Forschung einer Aufgabe zu widmen, die einen fordert, gleichzeitig jedoch zu bewältigen ist. Interessanterweise geht eine solche Flow-Erfahrung mit dem Empfinden von Zeitlosigkeit und der Abwesenheit von Gefühlen einher. Ganz in einer Sache aufzugehen, ist wohl die treffendste Beschreibung hierfür. Dabei ist zweitrangig, ob das Ergebnis perfekt ist. Es kommt auf die Überzeugung an, dass das, was wir tun oder getan haben, gut genug ist, und wir sollten dabei darauf achten, unsere Messlatte so zu positionieren, dass wir sie gut überspringen können. Auch die Fähigkeit, Kompromisse zu schließen, gehört dazu. Vermutlich bleiben nicht wenige Menschen heute allein, weil sie auf der Suche nach der perfekten Partnerschaft sind, die es nicht geben wird. Wer hingegen zu einem Kompromiss fähig ist, wird möglicherweise in der Unterschiedlichkeit des anderen eine ungeahnte Bereicherung entdecken und muss keine Energie mehr in die weitere Suche stecken.

Luise Reddemann fasst wesentliche Elemente der positiven Psychologie knapp und präzise folgendermaßen zusammen: »Unser emotionales Herz will gepflegt sein. Dass es ihm mit Freude und Liebe besser geht als mit Verzweiflung, Ärger und Hass, ist sowohl Erfahrungswissen wie inzwischen gut belegte wissenschaftliche Erkenntnis.«[47]

Die Botschaft der positiven Psychologie also ist, dass wir Einfluss nehmen können auf unser Schicksal, ja, dass selbst die Vergangenheit noch veränderbar ist. Dass es sich lohnt, sich mehr seinen Fähigkeiten und Stärken zu widmen und diese am besten auch für andere einzusetzen. Und dass eine Haltung von Dankbarkeit gegenüber anderen Menschen und dem Leben als ganzem in Form von Zufriedenheit und Glück zu uns selbst wieder zurückkehrt! Schließlich auch, dass materieller Reichtum nicht mit Lebenszufriedenheit und Glück korreliert und es sich lohnt, den Blick auf andere »Schätze« zu richten!

Zum Ende diesen Kapitels möchte ich den Blick schließlich noch auf etwas richten, das man wahrscheinlich zunächst gar nicht mit Glück und Zufriedenheit in Verbindung bringt: auf den Verzicht! Haben Sie vielleicht auch schon einmal erlebt, dass Verzicht glücklich machen kann, dass dadurch der Blick geschärft werden kann und Wichtigkeit und Wert einer Sache hervorstechen? Fastende machen meist diese Erfahrung, wie unglaublich schmackhaft ein Stück Apfel schmeckt, wenn man es mehrere Tage entbehrte. Eine Patientin erzählte mir, wie viel Neues sie entdeckte, als sie während eines sechswöchigen Klinikaufenthaltes ganz auf den Fernsehapparat verzichtete.

Es kann glücklich und zufrieden machen, zugunsten eines anderen auf etwas zu verzichten und sich dann an dessen Strahlen zu freuen. Wer Kinder hat, verzichtet auf manches und wird gleichzeitig oft reich beschenkt!

Bei alldem ist Freiwilligkeit entscheidend. So stellte man in einer Fastenklinik einen gravierenden Unterschied zwischen freiwilligem und ärztlich verordnetem Fasten fest: Der Stresshormonspiegel im Speichel war bei den unfreiwillig Fastenden deutlich erhöht, bei den freiwillig Verzichtenden hingegen normal!

Das sehr ungewöhnliche Märchen der Gebrüder Grimm vom »Hans im Glück« erzählt vom Loslassen und Verzichten. Seine Geschichte verkörpert überhaupt nicht die gängigen Ideale und Vorstellungen von Glück. Da wird von keinem Helden berichtet, der durch mutiges

Handeln Reichtum und die Hand der Prinzessin erlangt oder der erfolgreich das Böse besiegt und dafür drei Wünsche zugesprochen bekommt. Nein, dem Anschein nach wird die Geschichte eines scheiternden Trottels erzählt, der nach und nach alles verliert, oder sollten wir besser sagen: auf alles verzichtet, um festzustellen, dass es ihn beschwert hat und er es nicht brauchte. Deshalb wird es Hans wohl auch immer leichter ums Herz, wird er zufriedener und glücklicher. Warum? Weil er ein ganz anderes Ziel verfolgt, nicht auf Reichtum und Besitz setzt, sondern auf eine liebevolle Beziehung. Er freut sich auf die Rückkehr zu seiner Mutter, die ihn liebt, wie er ist. Ein größeres Glück kann es nicht geben! Hans wusste bereits, was die Forschung über Glück und Zufriedenheit heute wissenschaftlich belegt. Das Märchen zeigt, dass Verzicht glücklich machen kann, und beschreibt außerdem etwas, worauf im Kapitel über Verbundenheit und Spiritualität noch eingegangen wird.

VERTIEFENDE FRAGEN UND ANREGUNGEN

Wenn Sie mögen, nehmen Sie sich etwas Zeit für sich und die Beantwortung der folgenden Fragen. Notieren Sie Ihre Antworten! Vielleicht mögen Sie auch mit Ihrem Partner beziehungsweise Ihrer Partnerin oder Freunden über Ihre Antworten ins Gespräch kommen.

Wo liegen Ihre Fähigkeiten und Stärken? Denken Sie dabei ruhig einmal zurück in die Vergangenheit: Was konnten Sie vielleicht als Kind oder Jugendlicher besonders gut, was bereitete Ihnen damals Freude, wovon waren Sie begeistert? Hier liegt meist ein Schatz begraben, den zu heben sich lohnen könnte. Vielleicht gibt es aber auch einen bisher nicht verwirklichten Traum: Was wollten Sie immer schon einmal ausprobieren, womit sich beschäftigen? Wenn Sie wollen, können Sie noch heute damit beginnen!

Wofür sind Sie dankbar in Ihrem Leben? Beginnen Sie ein Dankbarkeits- und Freudetagebuch, in das Sie nur die positiven Dinge aufnehmen. Und sollte Ihnen diese Perspektive zunächst schwerfallen, können Sie sich damit beschäftigen, was Sie Ihren Sinnesorganen verdanken: Ihren Augen, Ihren Ohren …?

Wo erleben Sie Ihren persönlichen Einfluss auf Ihr Leben am meisten? Beobachten Sie diesen genau und beschreiben Sie, woran Sie Ihren Einfluss bemerken. Vielleicht stellen Sie bald fest, dass Sie auch auf andere Bereiche Ihres Lebens mehr Einfluss haben, als Sie denken?

Wann ist Ihnen Ihr Glück zuletzt begegnet? Machen Sie eine möglichst kurze Zeitreise in Ihre Vergangenheit – wann heute, gestern oder in der vergangenen Woche?

Welcher glückliche Mensch fällt Ihnen ein? Was zeichnet ihn aus?

Welcher Verzicht hat Sie schon einmal glücklich gemacht? Worauf möchten Sie bald einmal zu verzichten versuchen?

SELBSTFÜRSORGE – ÜBER SEELISCHE GRUNDBEDÜRFNISSE UND DAS FLOW-PRINZIP

Handle stets so, als hinge die Zukunft des Universums von deinem Tun ab, und lache dabei über dich selbst, weil du glaubst, dass irgendetwas, was du tust, irgendeinen Unterschied machen wird.
Buddhistische Weisheit

Einstiegsfragen: Wie sorgen Sie gut für sich und woran merken Sie das? Kennen Sie das Gefühl von Sicherheit, Kontrolle und Überblick in Ihrem Leben? Wo haben Sie es zuletzt verspürt? Was vermittelt Ihnen Freude und das Gefühl, wertvoll und wichtig zu sein? Wo erleben Sie Erfüllung in dem, was Sie tun? Welche Momente sind das?

Was ist Selbstfürsorge und Selbstregulation? Was manchen Menschen selbstverständlich erscheint, müssen andere erst lernen. Hierzu zählt oft die Sorge um sich selbst. Viele unserer Patienten erzählen mir, dass sie recht gut wissen, was sie für andere tun können, wenn es ihnen schlecht geht, dass es ihnen aber sehr schwerfällt, sich in gleicher Weise um sich selbst zu kümmern. Das hat häufig damit zu tun, dass es in ihrem Leben nie selbstverständlich war, sich auch um sich zu kümmern, und dass sich durch traumatische Lebenssituationen innere Anteile entwickelt haben, die genau das verhindern wollen.

Vielen ist allerdings auch gar nicht klar, dass die kleinen Dinge des Alltags für unser Wohlergehen sehr bedeutsam sind. So benötigen wir alle ausreichend **Schlaf**! Deshalb ist es wichtig, sich mit dem eigenen Schlafbedürfnis zu beschäftigen. Hierzu zählen: eine gleichbleibende Schlafenszeit **vor** Mitternacht und genauso ein rechtzeitiges Aufstehen unabhängig von der Schlafqualität während der Nacht. Ein langes Schlafen in den Vormittag hinein verschlechtert den Start in den Tag und führt nicht selten zu einer depressiven Stimmung, vor allem wenn man zu Stimmungsschwankungen oder Depressionen neigt. Genauso sollten Sie wenn irgend möglich auf einen Mittagsschlaf von mehr als zwanzig Minuten verzichten, weil dieser ebenfalls die Stimmung verschlechtert und das abendliche Einschlafen verzögert.

Ebenso wichtig wie der Schlaf sind **Essen und Trinken**! Viele Menschen vergessen in der Hektik des Alltags oder auch aus anderen Gründen, auf regelmäßige Mahlzeiten und eine ausreichende Trinkmenge zu achten. Für die Mahlzeiten ist in der Regel ein fester Rahmen hilfreich, der auch genügend Zeit hierfür zur Verfügung stellt; für das Frühstück sind wenigstens fünfzehn Minuten, für das Mittagessen meist ca. dreißig Minuten, für das Abendessen zwischen fünfzehn und dreißig Minuten sinnvoll. Auch der Nährwert der Speisen ist bedeutungsvoll. Gemüse und Obst sollten jeden Tag dabei sein. Am besten, Sie probieren aus, was zu Ihnen passt und Ihnen schmeckt. Seien Sie dabei allerdings ruhig kreativ und neugierig!

Die tägliche Trinkmenge sollte mindestens 1,5 Liter betragen. Oft hängen Unkonzentriertheit und Erschöpfung schon damit zusammen und ihnen kann leicht abgeholfen werden!

Schließlich spielt ausreichende **Bewegung** für unser Wohlgefühl und somit für unsere Selbstfürsorge eine wichtige Rolle. Gemeint ist damit kein Aufruf zu sportlicher Höchstleistung! Vielmehr geht es darum, die wohltuende Bewegung in welcher Form auch immer in den Alltag einzubauen. Hierzu können selbstverständlich sportliche Aktivitäten gehören, genauso gut sind allerdings regelmäßige Spaziergänge. Das kann der Gang zum Bäcker sein oder das vorzeitige Aussteigen aus dem Bus oder der Straßenbahn, um eine Station zu Fuß zu laufen.

Wir wissen heute, dass regelmäßige Bewegung die Stimmung verbessert und die Stresstoleranz erhöht. Vielleicht haben Sie auch schon erlebt, dass ein kurzer Spaziergang Sie von einer momentan hohen Anspannung herunterbringt und Sie anschließend wieder einen klareren Kopf haben, um Entscheidungen zu treffen oder andere Strategien zu entwerfen. Auch unsere Vorfahren mussten sich stets viel bewegen, weil nur so das Leben zu bewältigen war. Wir tragen dieses Erbe in unseren Genen — unser Körper und unsere Seele freuen sich, wenn wir darauf zurückgreifen.

Neben diesen körperlichen Grundlagen stellt sich nun die Frage, welche **seelischen** Grundbedürfnisse erfüllt sein müssen, damit wir uns wohl und gesund fühlen?

»Unter psychischen Grundbedürfnissen verstehe ich Bedürfnisse, die bei allen Menschen vorhanden sind und deren Verletzung oder dauerhaft Nichtbefriedigung zu Schädigungen der psychischen Gesundheit und des Wohlbefindens führen.«[48] Grawe arbeitet vier Grundbedürfnisse heraus:

- das Bedürfnis nach Bindung
- das Bedürfnis nach Orientierung und Kontrolle
- das Bedürfnis nach Selbstwerterhöhung und Selbstwertschutz
- das Bedürfnis nach Lustgewinn und Unlustvermeidung

Ähnlich wie in der Biologie scheint auch für das psychische Wohlbefinden ein inneres Regelkreissystem zu bestehen, das sich für die Erfüllung der Grundbedürfnisse einsetzt. Wenn unser Organismus Flüssigkeit benötigt, entwickelt er ein Durstgefühl. Wenn ein Baby der Zuwendung und Bindung bedarf, aktiviert es ein reichhaltiges Repertoire von Verhaltensweisen, mit denen es versucht, die Zuwendung der nächsten Bindungspersonen zu erhalten. Es gibt also so etwas wie ein inneres Motivationssystem, das für die psychische Bedürfnisbefriedigung sorgt. Dies geschieht einerseits über den Modus der Annäherung, andererseits über die Aktivierung des Vermeidungsmodus. Was bedeutet das?

Annäherungsziele beschreiben auf positive Weise einen gewünschten Zustand, wie beispielsweise gute Freunde häufig treffen zu wollen. Jedes Treffen kann zur Erfüllung aller genannten Grundbedürfnisse führen. So spüre ich dabei Verbundenheit, gestalte die Beziehung (das würde man hier unter Kontrolle verstehen) und erlebe meist Freude dabei, was sich positiv auf mein Selbstwertgefühl auswirkt.

Vermeidungsziele tragen auch zur Erfüllung der Grundbedürfnisse bei, beinhalten allerdings den Nachteil, dass die Erfolge auf tönernen Füßen stehen. Wenn ich beispielsweise das Vermeidungsziel formuliere »Ich will nicht mehr so häufig allein sein«, dann kann es passieren, dass ich das oben genannte Treffen mit Freunden innerlich nur als sprichwörtlichen Tropfen auf dem heißen Stein verbuche, der mir bedeutungslos erscheint. Ebenso könnte es passieren, dass nach einem schönen Abend mit Freunden sofort wieder eine »Katerstimmung« auftritt, weil der innere Fokus dann bereits wieder auf das gegenwärtige Alleinsein gerichtet ist.

Wir können daraus die Schlussfolgerung ziehen, dass es sinnvoll ist, möglichst oft im »Annäherungsmodus« zu sein und Ziele genau so zu formulieren! Für unsere seelische Gesundheit ist die Erfüllung der genannten Grundbedürfnisse bedeutsam und die Art und Weise, wie wir uns um sie kümmern.

Sind diese Grundbedürfnisse nicht erfüllt, führt dies zu einer permanenten, nicht unbedingt bewussten inneren Anspannung, die ein hohes Stresserleben darstellt. Ein solches Stresserleben geht zwangsläufig mit einer eingeschränkten Fähigkeit einher, sich auf konstruktive Weise für sein persönliches Wohlergehen einzusetzen. Es ist wichtig, dies zunächst zu bemerken, denn nur wenn mir etwas bewusst ist, kann ich es ändern. Dann allerdings sind wir glücklicherweise zu jeder Zeit grundsätzlich dazu in der Lage, auch bisher gut gebahnte Wege zu verlassen und neue Trampelpfade zu beschreiten, die mit jedem Mal breiter werden und leichter zu gehen sind. Damit können wir jederzeit eine konstruktivere Herangehensweise einüben.

Die **Bindungserfahrungen**, die wir in unseren ersten Lebensjahren gemacht haben, sind nicht mehr veränderbar. Wir haben allerdings bereits im Kapitel Priming gesehen, dass unser Gehirn so flexibel ist, dass es schon auf sehr einfache Weise neue wirksame Schemata aktivieren kann. Die Erfahrung von sicherer Bindung geht auf der neurobiologischen Ebene mit vielfältiger Aktivierung, unter anderem auch der Ausschüttung des Bindungshormons Oxytocin einher. Dieses wird nicht nur in der innigen Erfahrung des Stillens zwischen Mutter und Kind ausgeschüttet, sondern auch im späteren Leben, wenn wir eine liebevolle Umarmung erleben oder Musik unsere Seele berührt. Auch rhythmisches Erleben zum Beispiel durch musikalische, aber auch körpertherapeutische Erfahrungen wie im Yoga, Qigong, Rhythmusgruppen und vielem mehr können zu dem Gefühl von Einssein führen!

Unsere frühen Bindungserfahrungen sind durchaus bedeutsam, sie sind allerdings bis in die Gegenwart hinein gestaltbar.

Und jetzt sind Sie gefragt: Welche Menschen tun mir gut? Welche Musik, welche Körpererfahrung spricht mich an? Woran merke ich das, welche Resonanz zeigt sich in meinem Körper?

Es sind Gefühle von Behaglichkeit, von Entspannung, von innerer Ruhe und Ausgeglichenheit, von Geborgenheit, von Vertrautheit verbunden mit einem wohligen »Gänsehautgefühl« und einer entspannten, freien Atmung. Die inneren Hinweisschilder dafür sind: Hier geht es lang, das ist der richtige Weg für mich!

Ebenso können wir auf unser **Kontrollerleben** Einfluss nehmen, da es sich im Wesentlichen auf die Erfahrung von Kompetenz stützt. Mit anderen Worten: Überall dort, wo ich mich kompetent erlebe, erlebe ich Kontrolle und somit Sicherheit. Außerdem haben wir bereits festgestellt, dass die Aktivierung von Annäherungszielen mit Kontrollerleben einhergeht, was für die Vermeidungsziele eben nicht gilt. Deswegen ist es sinnvoll, sich mit der Art und Weise der eigenen Zielformulierung genau zu beschäftigen und, wenn nötig, professionelle Begleitung hierfür in Anspruch zu nehmen.[49] Für Kontrolle, Überblick und Orientierung sorge ich jedes Mal, wenn ich mich um mich kümmere und für meine Bedürfnisse einsetze. Das tun Sie beispielsweise gerade jetzt, da Sie diese Zeilen lesen.

Auch das Bedürfnis nach Orientierung haben wir bereits im Rahmen der Salutogenese kennengelernt. Wenn ich Dinge besser verstehen lerne, meine Kompetenzen in die Gestaltung einer Situation einbringen kann und dabei mit hoher Wahrscheinlichkeit Sinn erlebe, dann ist genau das Orientierung, Überblick und Handlungsspielraum, um die es hier geht!

Es ist interessant, dass seelische Gesundheit mit einer gewissen Realitätsverzerrung einhergeht. Erfolge werden beispielsweise besser erinnert als Misserfolge, der eigene Optimismus ist manchmal überwältigend. Dies zeigt, dass gesunde Menschen permanent zu ihrer eigenen **Selbstwerterhöhung** beitragen! Eine ausschließliche »realistische« Lebenseinstellung ist häufig mit einem depressiven Grundgefühl verbunden. Diese wissenschaftlich sehr gut belegte Erkenntnis kann uns in Zukunft noch mehr darin unterstützen, diese optimistische Sicht der Welt und unserer selbst möglichst häufig einzunehmen. Denn, und auch das ist fundierte wissenschaftliche Erkenntnis, eine selbsterfüllende Prophezeiung führt dazu, dass wir genau das erhalten, was wir mit unserer persönlichen Welt- und Selbstsicht erwarten.

Mit dem Bedürfnis nach **Lustgewinn** ist keinesfalls nur die Erfüllung der sexuellen Lust gemeint. Vielmehr geht es um einen inneren Zustand von Befriedigung und Freude, der sich am ehesten mit dem Flow-Gefühl deckt, das von Csikszentmihalyi[50] beschrieben wurde. Man vergisst Raum und Zeit um sich herum und geht in seiner Aufgabe voll und ganz auf. Es ist nachvollziehbar, dass genau solche Erfahrungen mit Kompetenzerleben, einem hohen Selbstwertgefühl und einem Gefühl von Verbundenheit mit einer Sache oder einem Menschen einhergehen. Und so tut es gut, solche Erfahrungen möglichst häufig zu machen beziehungsweise die Voraussetzungen hierfür so gut es geht zu schaffen.

Die wichtigste Botschaft der Flow-Forschung ist so einfach wie bedeutsam: Es kommt darauf an, *wie* wir etwas tun, nicht *was* – und beides ist besser, als nichts zu tun! Das bedeutet, dass die *Haltung* des Tuns wichtig ist: Ganz bei der Sache zu sein, die wir tun. Und dann: überhaupt handelnd unsere Welt mitzugestalten. »In der Regel entsteht *flow*, wenn wir unsere Fähigkeiten voll einsetzen, um eine Herausforderung zu bestehen, die wir gerade noch bewältigen können. Zum optimalen Erleben gehört normalerweise ein feines Gleichgewicht zwischen der eigenen Handlungsfähigkeit und den verfügbaren Möglichkeiten zum Handeln.«[51]

Auf der ganzen Welt beschreiben Menschen Erfahrungen von Freude, Glück und Zufriedenheit in ähnlicher Weise. Voraussetzung dafür ist die Bewältigbarkeit von Aufgaben, auch wenn sie Mühe kosten. Deswegen müssen wir uns auf das konzentrieren, was gelingt. Dabei kommt es bereits zu einer positiven Rückmeldung, die sich auch darin ausdrückt, dass man ganz bei der Sache ist. Trotz Anstrengung scheint es mühelos zu sein, weil man sich kompetent erlebt. Das löst Freude und Zufriedenheit aus und dennoch treten der Alltag und selbst das Gefühl für die eigene Bedeutung in den Hintergrund. Ebenso paradox ist schließlich das veränderte Zeiterleben, Minuten können sich wie Stunden anfühlen oder Stunden wie im Flug vergehen.

Kletterer berichten von alldem, wenn sie nach Stunden am Gipfel angekommen sind. Obwohl es anstrengend und vielleicht sogar gefährlich war, tun sie es immer wieder: Hochkonzentriert, ganz bei der einen Sache, den nächsten Schritt oder Griff vor Augen, verbringen sie Stunden am nackten Fels. Der Alltag und seine Sorgen sind ohne Bedeutung, voller Stolz sind die Mühen des Aufstiegs sofort vergessen.

Aber Flow entsteht auch bei anderen Tätigkeiten wie Musikmachen oder Musikhören, Gartenarbeit oder Kochen, im Gespräch mit Freunden und nicht zuletzt auch bei vielen Aspekten der täglichen Arbeit. Auch wenn diese Tätigkeiten im Laufe der Zeit wie von selbst geschehen, so haben sie am Anfang doch alle ein bestimmtes Maß an »Aktivierungsenergie«[52] benötigt. Es sind also nicht nur diejenigen Tätigkeiten, die einem in den Schoß fallen, sondern oftmals auch jene, die wir uns mühevoll erarbeiten, die zu solchen Glücksmomenten beitragen. Diese Aktivierung gelingt allerdings nur dann, wenn sie getragen ist von einer inneren Motivation (Annäherungsziele) und Begeisterung. Aus der Hirnforschung wissen wir, dass solche Zustände unser Belohnungssystem am besten aktivieren und Lernen am meisten begünstigen.

Ich erinnere mich, wie unsere damals sechs oder siebenjährige Tochter endlich ihr heiß ersehntes Einrad bekam. Sofort begann sie zu üben. Zunächst musste sie das Sitzen lernen, dazu hielt sie sich an einem Zaun fest und vollführte stundenlang kleinste Bewegungen nach vorn und hinten. Die Tage und Wochen vergingen, kein Wetter war ihr zu schlecht, um ihre Fertigkeiten auf dem Einrad zu verbessern. Schließlich konnte sie bereits einige Meter ohne Kontakt zum Zaun fahren. Sie übte weiter und das mit sichtlicher Freude, eines Tages war es dann so weit. Mit einem strahlenden Lächeln fuhr sie uns auf ihrem Einrad auf der Straße entgegen. Fortan war es über Jahre ihr liebster Begleiter.

Ganz offensichtlich hat diese Schilderung viel mit dem Flow-Prinzip zu tun. Nicht die bereits vorhandene Fähigkeit des Einradfahrens, sondern vielmehr das mühevolle und schließlich erfolgreiche Einüben, bei dem die Zeit stillzustehen schien, beschreibt das, um was es hier geht. Die Motivation, das Einradfahren zu erlernen, war die Aktivierungsenergie. Sie setzte einen Prozess in Gang, der ganz offensichtlich über Wochen und Monate trotz aller damit verbundener Schwierigkeiten mit Gefühlen von Glück, Zufriedenheit und Stolz einherging.

Ein interessantes Experiment an Welpen unterstreicht die Bedeutung, die ein mühevolles Erarbeiten beim Flow-Erleben hat. Dabei wurden drei Gruppen von jungen Welpen auf unterschiedliche Weise gefüttert. Die erste Gruppe erhielt die notwendige Milch über eine Flasche genau in der Zeit, wie dies auch an der Mutterbrust geschehen wäre. Die zweite Gruppe durfte über eine größere Öffnung trinken und war in der Hälfte der Zeit satt. Die dritte Gruppe musste sich durch eine kleinere Öffnung die Nahrungsaufnahme mühevoller erarbeiten und wurde in der doppelten Zeit schließlich satt. Was die Forscher interessierte, war Folgendes: Aus welcher Untergruppe wuchsen am ehesten »führungsstarke Persönlichkeiten«, sogenannte Alphatiere, heran. Es überrascht manche, dass dies in der dritten Gruppe der Fall war. Diese Hunde hatten gelernt, dass es sich lohnt zu kämpfen, sie hatten sozusagen Biss gezeigt und übertrugen diese Erfahrung auch auf andere Bereiche ihres Lebens!

Schließlich macht eine Aufgabe offensichtlich umso glücklicher beziehungsweise zufriedener, je mehr wir sie um ihrer selbst willen tun. Aus dem Blickwinkel der Achtsamkeit leuchtet dies unmittelbar ein, weil der Fokus bei einem solchen Tun nicht auf die Zukunft und Zielerreichung, sondern auf die Gegenwart und das momentane Handeln gerichtet ist. Wir sind dann dort, wo wir gerade sind, genau am richtigen Platz! Wir tun etwas, weil es uns sinnvoll erscheint. Gleichzeitig werden wir mit einer solchen Einstellung unabhängiger vom Ergebnis. Selbst Scheitern muss dann nicht gleichbedeutend mit Unglück und Verzweiflung sein. Auch dies kann zu einer größeren Zufriedenheit wesentlich beitragen. Ähnliches meint Vaclav Havel, wenn er sagt: »Hoffnung ist eben nicht Optimismus, ist nicht Überzeugung, dass etwas gut ausgeht, sondern die Gewissheit, dass etwas Sinn hat – ohne Rücksicht darauf, wie es ausgeht.« Das Handeln einer Krankenschwester oder eines Arztes wird ja auch nicht sinnlos, weil ein Patient stirbt!

Dies bedeutet allerdings nicht, dass Ziele, von denen so viel die Rede war, nun doch unbedeutend sind. Vielmehr stellen diese den notwendigen Motivationsschub dar. Sie sind die Zündung, die den Motor zum Laufen bringt, der Berggipfel, den zu erklimmen ich mich auf den Weg mache. Ihn dann auch zu erreichen ist zweitrangig, wenn ich unterwegs das Wandern an sich genießen kann!

VERTIEFENDE FRAGEN UND ANREGUNGEN

Wenn Sie mögen, nehmen Sie sich etwas Zeit für sich und die Beantwortung der folgenden Fragen. Notieren Sie Ihre Antworten! Vielleicht mögen Sie auch mit Ihrem Partner beziehungsweise Ihrer Partnerin oder Freunden über Ihre Antworten ins Gespräch kommen.

Blicken Sie auf Ihre letzte Woche zurück. Wo haben Sie das Gefühl gehabt, den Überblick und die nötige Kompetenz zu haben? Denken Sie dabei möglichst klein, wählen Sie Situationen des Alltags, die Ihnen vielleicht auf den ersten Blick unbedeutend oder selbstverständlich erscheinen!

Beschäftigen Sie sich möglichst häufig mit Ihren eigenen Kompetenzen und Fähigkeiten! Wann und wo haben Sie in Ihrem Leben Flow-Erlebnisse gehabt? Beschreiben Sie diese möglichst genau und überlegen Sie, wie Sie an diese Erfahrungen wieder anknüpfen können.

Welche Art von Musik spricht Ihre Seele am meisten an? Welcher Rhythmus beschwingt Sie? Was berührt Sie wirklich?

▶ Erinnern Sie sich an Ihre größten Erfolge, schreiben Sie sie auf und erzählen Sie sie wenigstens einem Menschen!

▶ Versuchen Sie nicht mehr das Haar in der Suppe zu finden, sondern den Geschmack der Suppe selbst zu genießen. Versuchen Sie, so gut es geht, eine zunehmend optimistischere Lebenseinstellung zu gewinnen!

▶ Welchen »Berggipfel« möchten Sie noch erklimmen? Wann möchten Sie damit beginnen? Wer und was könnte Sie dabei unterstützen?

AUTHENTIZITÄT – DIE BEDEUTUNG PERSÖNLICHER WERTE

Auf der Welt sein: im Licht sein. Irgendwo (wie der Alte neulich in Korinth) Esel treiben, unser Beruf! – aber vor allem: standhalten dem Licht, der Freude (wie unser Kind, als es sang) im Wissen, dass ich erlösche im Licht über Ginster, Asphalt und Meer, standhalten der Zeit, beziehungsweise Ewigkeit im Augenblick. Ewig sein: gewesen sein.
Max Frisch, Homo Faber[53]

Einstiegsfragen: Kennen Sie Ihre persönlichen Werte und Überzeugungen? An welcher Einstellung kommt man bei Ihnen nicht vorbei? Benennen Sie sie!

Martin Luther King, der 1929 geborene und 1968 ermordete US-amerikanische Bürgerrechtler, steht wie kaum ein anderer für die Treue zu persönlichen Werten und Überzeugungen. Beeinflusst von Gandhi ging er trotz Enttäuschungen und Rückschlägen stets den Weg der Gewaltfreiheit. Sein Einsatz für die Rechte der unterdrückten schwarzen Minderheit in den USA wurde letztlich belohnt.

Viele Schwarze entwickelten in dieser Zeit beeinflusst durch King ein aktives Selbstbewusstsein, bekannten sich zu ihrer afrikanischen Abstammung und zur Kultur ihres Herkunftskontinents. Auch begannen sich viele Farbige gegen Beschimpfungen zu wehren. Unumkehrbare Veränderungen wurden eingeleitet, ohne die die Wahl Obamas zum ersten schwarzen Präsidenten der USA vierzig Jahre später nicht denkbar gewesen wären!

Kurz vor seinem großen Marsch nach Washington versuchte Präsident Kennedy King dazu zu bewegen, diesen Protestmarsch abzusagen. Er hatte als Reaktion auf die anhaltenden Demonstrationen eine Gesetzesvorlage zur weitgehenden landesweiten Gleichberechtigung der schwarzen Bevölkerung erarbeiten lassen, umgesetzt war diese allerdings noch nicht. King blieb bei seinem Vorhaben. Der Protestmarsch sollte nochmals, diesmal in der Landeshauptstadt, die Massen für die Probleme der Schwarzen sensibilisieren und die konservativen Politiker zu einem Einlenken bewegen. An der friedlichen Demonstration am 28. August 1963 beteiligten sich mehr als 250.000 Menschen. Seine wohl bekannteste Rede »I Have a Dream« wurde von ihm hier gehalten. King widerstand der Einflussnahme der Kennedy-Brüder und bekannte noch einen Tag vor dem tödlichen Attentat am 3. April 1968 öffentlich, dass er nichts und niemanden mehr in diesem Leben fürchte.

Viele gute Ideen, vielleicht auch in diesem Buch, sind nichts wert, wenn sie nicht zu Ihnen, zu Ihren eigenen Überzeugungen und Werten passen!

Schon Frankl[54] wies darauf hin, dass Sinnerleben über Werte erfahren wird, und wir können aus der Sicht der Hirnforschung heute ergänzen, dass solche Werte uns berühren, uns ansprechen müssen, damit aus ihnen Motivation und Handeln entstehen.

Gegen die eigene Überzeugung zu handeln, macht auf Dauer unzufrieden und krank. Fremdbestimmtheit erhöht das Burnout-Risiko, weil es notwendige Erfahrungen von Zufriedenheit, Flow und Selbstwirksamkeit erschwert! Es ist wissenschaftlich gut belegt, dass geringer Gestaltungsspielraum und mangelnder Einfluss insbesondere im Hinblick auf Arbeitsprozesse mit einem hohen Risiko seelischer (zum Beispiel Burnout und Depression) und körperlicher Erkrankungen (zum Beispiel Bluthochdruck oder Herzinfarkt) verbunden sind. Es ist ein gesamtgesellschaftliches Problem, dass moderne Arbeitsprozesse in Zeiten der Globalisierung dieses Risiko erhöhen. Das permanente Drehen an der Leistungsschraube hat einen hohen Preis. Den zahlen wir letztlich alle, auch wenn uns dies erst langsam dämmert.

Für seelische Gesundheit erweisen sich also die persönlichen Werte und ein authentisches Einstehen für sie als eine weitere wichtige Voraussetzung. Authentisch sein meint dabei, meinem »Bauchgefühl« zu folgen und dem zu vertrauen, was sich für mich stimmig anfühlt. Nicht zufällig geht es dabei um die Qualität des Gespürs, des Fühlens: Unser Körper wird hierfür als Resonanzraum gebraucht. Ich kann mich auf meinen Körper verlassen, ja ich muss mich auf ihn einlassen, wenn es um diese feinen Signale geht, die wir bereits weiter oben auch als neurobiologisch begründet kennengelernt haben.[55] Vielleicht mögen Sie an dieser Stelle innehalten und einmal darüber nachdenken, nachspüren, wann Sie zuletzt dieses Bauchgefühl von Stimmigkeit hatten, wo genau sie es im Körper gespürt haben und inwiefern es Ihnen geholfen hat!

Authentisches Handeln nach persönlichen Werten ist spürbar! Die Liebe zu meinem Leben entfaltet sich am besten, wenn ich diese Resonanz meines Körpers im Blick behalte. Das stellt mich vor die vielleicht manchmal unangenehme Frage, ob ich momentan in meinem Leben an dem Platz stehe, der wirklich zu mir passt. Oder ob es persönliche Werte gibt, die ich vielleicht schon länger aus dem Auge verloren habe.

Wenn meine persönlichen Werte in meinem Berufs- oder Privatleben kaum noch oder gar keine Rolle mehr spielen, kann dies für meine seelische Gesundheit kritisch werden, zumindest wird es schwer sein, ein solches Leben als erfüllend und beglückend, als sinnvoll und lebendig zu erleben.

Der eigenen Spur zu folgen, erfordert mitunter Mut. Es könnte nämlich sein, dass andere meine Entscheidung zum Beispiel gegen einen höher bezahlten Job, der mir aber weniger Freizeit lassen würde, nicht verstehen, ja dass sogar in mir selbst sich Anteile melden, die für ein »Weiter« im Hamsterrad plädieren, während andere Anteile in mir auf Dinge hinweisen, die mir einmal wichtiger waren und im Laufe der Jahre aus dem Blick geraten sind. Dann steht ein innerer Dialog an verbunden mit der Frage, was für mich im Leben wirklich bedeutsam ist. Dabei kann die Weisheit des Volksmundes hilfreich sein, der sagt, dass Geld alleine nicht glücklich macht. Vielmehr werden viele schon die Erfahrung gemacht haben, dass das Engagement für eine uns persönlich am Herzen liegende Aufgabe uns Menschen zu erfüllen vermag unabhängig davon, ob und wie diese bezahlt ist.

Wenn Sie das Bedürfnis zu einer solchen inneren Zwiesprache verspüren, dann möchte ich Sie ermutigen, sie zu führen und sich vielleicht dafür Unterstützung zu suchen, um sich im Spiegel eines guten Freundes oder eines Therapeuten besser zu verstehen.

Da, wo unser Herz schlägt, fühlen wir uns lebendig! Manchmal lohnt ein Ausflug in die eigene Jugend, weil wir in dieser Zeit mit unseren Idealen, Visionen und Träumen am unmittelbarsten verbunden sind. Das heißt nicht, dass wir unsere Träume dann kritiklos im fortgeschrittenen Alter nachholen sollten, sondern vielmehr, dass wir uns von ihnen erneut anregen und in Frage stellen lassen: Bin ich mir selbst und meinen Werten treu geblieben oder steht eine Kurskorrektur an?

Natürlich können wir diese Erfahrung in jedem Lebensalter machen, wenn wir spüren, wie uns etwas packt, wie uns eine neue Idee vielleicht regelrecht elektrisiert und wir uns ihr öffnen und ihr nachzugehen beginnen. Das kann zum Beispiel bedeuten, die Arbeitsstelle zu kündigen oder noch in fortgeschrittenem Alter ein Musikinstrument zu erlernen.

Ich selbst hatte schon als Jugendlicher den Traum Saxophon spielen zu lernen. Damals spielte ich bereits zwei Instrumente, investierte hierfür einiges an Zeit und betrieb viel Sport. Die Schule lief so nebenher und meine Eltern waren der Meinung, dass noch mehr an Freizeitaktivitäten nicht ginge. Der Traum schien vergessen, bis ich meiner Frau davon erzählte. Ohne mein Wissen engagierte sie zu meinem 33. Geburtstag einen Saxophonlehrer mit dem geeigneten Instrument dazu. Ich war überwältigt und stürzte mich voller Begeisterung in den alten Traum. Bis heute spiele ich gerne und mit Begeisterung Saxophon!

Authentisch zu sein, bedeutet unter Umständen aber auch unbequem zu sein. Dazu gehört Mut, vielleicht auch mal anzuecken, weil man etwas Eigenes vertritt, was sich mitunter auch mit den Meinungen, Forderungen und Sichtweisen der Umgebung reiben kann. Zu mir und meinen Werten zu stehen, bedeutet kein stromlinienförmiges Handeln. Dies erfordert Zielorientiertheit und Durchhaltevermögen und natürlich auch die Unterstützung durch andere. Manche werden sich womöglich von mir abwenden, andere dafür umso fester an meiner Seite stehen.

Diejenigen, die auf diese Weise zu sich stehen, dienen anderen nicht selten als Vorbilder. Menschen wie Mahatma Gandhi, Nelson Mandela oder der zitierte Martin Luther King sprechen bis heute unzählige Menschen an und beeindrucken tief. Sie haben Spuren hinterlassen!

Wir müssen keine Gandhis werden, vielmehr geht es um das Bemühen, den eigenen Weg zu finden. Dennoch empfinden viele Menschen es als bereichernd, sich mit solchen Lebensgeschichten zu beschäftigen. Vielleicht mögen auch Sie das einmal ausprobieren.

Sicherlich ist auch mein Vater kein Gandhi und dennoch beeindruckte mich stets, wie er für seine Überzeugung und Werte auch in schwierigen Situationen einstand, zum Beispiel als der Verlust des Arbeitsplatzes drohte. Dies war in Tübingen der Fall, wo er sich den konservativen religiösen Wert- und Moralvorstellungen der Meinungsführer in seiner Gemeinde nicht beugte, sondern die Auseinandersetzung suchte und schließlich die Konsequenzen zog. Er wechselte an einen anderen Wohn- und Arbeitsort. Er blieb authentisch und fand dadurch tatsächlich nochmals eine neue Berufung in der Krankenhausseelsorge. Bis heute empfindet er diese Entscheidung, die er mit meiner Mutter abgestimmt hatte, als richtungsweisend. Sie ist für das Leben meiner Eltern immer noch bereichernd.

Vermutlich kennen Sie Entscheidungen, die Ihnen schwergefallen sind, die Ihnen große Mühe bereitet haben. Möglicherweise haben Sie damit andere enttäuscht. Und dennoch gingen diese Entscheidungen mit dem Gefühl einer: Das war genau richtig. Wer authentisch handelt, kann es nicht allen recht machen. Das schmerzt mitunter, weil man spürt, dass das Richtige manchmal unangenehm ist. Denn manchmal muss man dafür auch den Wunsch nach Anerkennung aufgeben. Viele Menschen laufen diesem Wunsch unter großer Selbstaufopferung hinterher und verlieren sich dabei selbst aus dem Auge.

Authentisch zu sein, setzt demnach zunächst einen Suchprozess voraus nach eigenen Werten im Leben, es verweist mich auf mich: Wofür schlägt mein Herz?! Dabei wird es hoffentlich viele Augenblicke geben, die sich leicht und beschwingt anfühlen, genauso kann damit allerdings auch die Erfahrung verbunden sein, dass etwas mühsam ist und sich dennoch lohnt. Für die eigenen Werte einzustehen, ist kein Kuschelkurs, sehr wohl allerdings ein Wohlfühlkurs im Hinblick auf die eigene Gesundheit und Lebenszufriedenheit.

VERTIEFENDE FRAGEN UND ANREGUNGEN

Wenn Sie mögen, nehmen Sie sich etwas Zeit für sich und die Beantwortung der folgenden Fragen. Notieren Sie Ihre Antworten! Vielleicht mögen Sie auch mit Ihrem Partner beziehungsweise Ihrer Partnerin oder Freunden über Ihre Antworten ins Gespräch kommen.

Welche Menschen beeindrucken Sie? Woran liegt das? Was hat das mit persönlichen Werten und Überzeugungen zu tun?

Wenn Sie einen guten Freund oder Ihre Partnerin beziehungsweise Ihren Partner danach fragen würden, welche persönlichen Werte er oder sie an Ihnen schätzt, was würden Sie als Antwort erhalten?

Sehen Sie sich selbst genauso?

Welche Entscheidung fiel Ihnen schwer und war dennoch mit dem Gefühl verbunden, dass es die richtige Entscheidung war?

Wo im Körper spüren Sie ein solches Gefühl von Stimmigkeit am meisten?

VERBUNDENHEIT UND SPIRITUALITÄT – EIN TEIL VON ETWAS GRÖSSEREM SEIN

Ein wirklich erfülltes Leben werden wir nur dann führen, wenn wir fühlen, dass wir Teil von etwas sind, das unser Selbst an Größe und Dauer übersteigt.
Mihaly Csikszentmihalyi

Einstiegsfragen: Mit welchen Menschen fühlen Sie sich verbunden? Woran merken Sie das? Gibt es für Sie eine höhere Macht, die für Sie Bedeutung hat?

Der gesellschaftliche Trend zur Vereinzelung ist unübersehbar geworden. 1993 erscheint der Begriff »Single« erstmals im Duden, inzwischen lebt in Deutschland jeder Fünfte allein – das sind 40 Prozent mehr als 1990, so die Ergebnisse des Mikrozensus 2011. Die Familien bilden nicht mehr die Mehrheit, nur noch 49,1 Prozent der Deutschen leben in sogenannten Eltern-Kind-Gemeinschaften. Etwa 30 Prozent der Bevölkerung sind kinderlose Paare, mehr als 20 Prozent, also 15,9 Millionen, sind Singles, wovon die meisten alleine leben (also nicht in Wohngemeinschaften, Heimen etc., dies tun nur 1,7 Millionen). War durch den hohen Anteil älterer, verwitweter Frauen das weibliche Geschlecht lange Single-Spitzenreiter, so hat der Anteil allein lebender Männer in den zurückliegenden zwanzig Jahren um 81 Prozent zugenommen. Schweden ist europaweit das einzige Land, das in der Single-Rangliste noch vor Deutschland liegt.

Städte sind zu »Singlehochburgen« geworden, hier liegt die Quote um die dreißig Prozent. Dies alles hat Folgen und Risiken. Nicht nur wird der Wohnraum knapp, sondern etwa 30 Prozent der Singles leben in prekären Verhältnissen. Dieser Prozentsatz ist etwa doppelt so hoch wie in der Durchschnittsbevölkerung. Singles sind häufiger von Armut bedroht, beziehen häufiger Hartz IV und sind häufiger arbeitslos. Einsamkeit macht anfälliger für Krankheit, weil Unterstützung, Nähe und

Verbundenheit viel eher wegfallen. Wer krank im Bett liegt, wird von seiner Familie meist selbstverständlich versorgt; wer hingegen alleine wohnt, wird in der gleichen Situation viel seltener Besuch und konkrete Hilfe erhalten. Die Statistiker erwarten, dass bis 2030 fast ein Viertel der deutschen Bevölkerung in einem Ein-Personen-Haushalt leben wird.

Es gibt allerdings auch ermutigende Projekte, die sich dem Trend der Vereinzelung widersetzen. So wurde kürzlich in Freiburg ein Hochhaus in einem Stadtteil, der eher als Brennpunkt bekannt ist, grundsaniert. Anschließend zogen fast nur neue Mieter ein. Den Wiederbezug begleiteten vier Studierende aus dem Fach Sozialarbeit. Sie nannten ihr Projekt »Wohnverwandtschaften«, und genau darum ging es. Jedes Stockwerk sollte zu einer Gemeinschaft zusammenwachsen, man traf sich im Vorfeld und beschloss gemeinsame Regeln wie gegenseitiges Grüßen und Sichaushelfen. Auch wenn dies selbstverständlich erscheint, ist es das heute in vielen Wohngegenden und besonders in anonymen Hochhäusern nicht. Viele Bewohner leben alleine und sind im Durchschnitt schon 57 Jahre alt. Die geknüpften Netzwerke sollen möglichst vielen einen Umzug ins Heim ersparen. Die Ergebnisse sind ermutigend: Die allermeisten sind zufrieden, lediglich etwa 16 Prozent der Mieter geben an, kaum Kontakte zu haben.[56]

Wird Vereinzelung nicht auch durch die digitale Welt aufgehoben? Sind wir nicht durch die sozialen Netzwerke wie Facebook miteinander so sehr verbunden wie noch nie? Trägt unsere digitale und vernetzte Welt nicht zu einem Gemeinschaftserleben bei, wie es die Menschheit in ihrer Geschichte noch nie erlebt hat? Die Antworten hierauf sind nicht so eindeutig und klar, wie man zunächst meinen könnte.

So verweist der Hirnforscher Manfred Spitzer in einem Aufsatz über Gehirnforschung und soziale Netzwerke auf den ungünstigen Einfluss der Bildschirmmedien auf erfolgreiche soziale Beziehungen. Er zitiert eine Studie an jungen amerikanischen Mädchen im Alter von acht bis zwölf Jahren, die angaben, durchschnittlich 6,9 Stunden am Tag soziale Netzwerke und digitale Medien zu nutzen. Die Studie kam zu dem Ergebnis, dass ein umgekehrt proportionales Verhältnis zwischen Mediennutzung und den realen zwischenmenschlichen Beziehungen herrscht und dass diejenigen, die real miteinander kommunizierten, sozial kompetenter waren und weniger zu Außenseitern wurden. Spitzer erklärt weiter, dass das Erlernen von Beziehungsfähigkeit für das spätere Leben so bedeutsam ist, da hierdurch das soziale Geschick und die Empathiefähigkeit eingeübt werden.

Und er kommt zu folgender Schlussfolgerung: »Zusammenfassend zeigen diese Ergebnisse, dass das Leben in einer größeren Gruppe soziale Kompetenz steigert und zu einer Größenzunahme der Gehirnregionen führt, die diese geistige soziale Funktion leisten. Diese Zunahme der sozialen Kompetenz drückt sich in einer höheren sozialen Stellung aus. Betrachtet man die eingangs erwähnten Daten [...], so folgt zwangsläufig, dass die Nutzung von digitalen sozialen Medien wie Facebook, die ja mit weniger realen Kontakten einhergeht, auch zu einer *Verminderung der Größe sozialer Gehirnbereiche* bei Kindern und damit zu *geringerer sozialer Kompetenz* führen müsste.«[57]

Das Leben in unserer gegenwärtigen sozialen Gemeinschaft wird durch die Digitalisierung sicherlich komplexer und mitunter auch schwieriger. Digitale Kontakte können reale Beziehungen und Freundschaften keinesfalls ersetzen. Auch die zunehmende Vereinsamung vermögen sie nicht aufzuhalten, sondern tragen unter Umständen sogar zu einer weiteren Zunahme bei, so dass sowohl die Lebenszufriedenheit als auch das Ausmaß seelischer Gesundheit darunter leiden können.

Auf der anderen Seite ermöglicht die Digitalisierung ein gemeinsames Erleben und Handeln wie in keiner Generation zuvor. Informationen können rasch verbreitet und Hilfsaktionen wie bei der Flutkatastrophe im Sommer 2013 unmittelbar organisiert werden. Wir rücken auf eine zuvor nie da gewesene Weise zusammen. Selbst ein Unrecht in weit entfernten Ländern kann öffentlich werden und dadurch Veränderungsdruck auslösen, der früher undenkbar gewesen wäre.

Verbundenheit und gemeinsames Handeln werden sich zu Überlebensprinzipien entwickeln, wollen wir die Herausforderungen des 21. Jahrhunderts meistern! Nicht nur unser Gehirn ist auf ein soziales Miteinander angewiesen, um seinem Besitzer positive Gefühle zu vermitteln, auch unsere Gemeinschaft wird diesen Gemeinsinn brauchen, um auf gute Weise zu bestehen.

Schon in der Evolution hat sich das Gemeinschaftsprinzip bewährt, als Stamm konnte man den Gefahren der Wildnis begegnen, alleine ging man in der Regel in ihnen unter. Die Bindungs- und Säuglingsforschung hat zahlreiche Belege dafür zusammengetragen, wie früh dieses Verbundensein beginnt und wie nachhaltig die ersten Bindungserfahrungen wirken.

Säuglinge kommen quasi mit einem eingeschalteten Stresssystem auf die Welt, das als Überlebensschutz dient, weil sie dadurch alles ihnen zur Verfügung Stehende aktivieren, um Mutter, Vater oder andere Bezugspersonen für sich zu gewinnen. Gelingt eine gute Bindung, beruhigt sich das Stresssystem allmählich über Wochen. Gelingt das nicht, bleibt es aktiv, was sich manchmal ein Leben lang an bestimmten Verhaltensweisen wie dem Umgang mit Stress, Alleinsein oder seelischen Verletzungen zeigt. Die sogenannten »Still-Face-Experimente« zeigen sehr eindrucksvoll, was passiert, wenn die Mutter ihrem Baby mit einem ausdruckslosen Gesicht begegnet und auf die Interaktionsangebote ihres Kindes nicht reagiert: Das Baby zeigt innerhalb kürzester Zeit sein gesamtes Repertoire an Kommunikationsmöglichkeiten, es lacht, es »erzählt«, es zeigt auf Dinge, schließlich schreit es, um dann irgendwann in Verzweiflung und Resignation zu verfallen. Wer dies in Ton und Bild nachvollziehen möchte, dem seien Videos auf YouTube unter obigem Stichwort empfohlen.

Wir benötigen die Verbindung mit anderen Menschen, dabei spielt es zunächst eine untergeordnete Rolle, in welcher Form dies geschieht: die regelmäßigen Treffen mit Freunden, mit denen ich einen Teil meines Lebens teilen kann und Unterstützung erfahre, ein Verein oder eine andere Form von Gemeinschaft, in der ich mich engagiere, Arbeitskollegen, mit denen ich auf eine wertschätzende Weise zusammenarbeiten kann, oder eine religiöse oder spirituelle Gemeinschaft, mit der ich meinen Glauben teile. Immer geht es dabei um die Erfahrung von Gemeinsamkeit, Anteilnahme, Zugehörigkeit. Solche Erfahrungen vermitteln Halt und Orientierung und erfüllen damit die für unsere seelische Gesundheit wichtigen Grundbedürfnisse von Kontrolle, Bindung, Selbstwerterhöhung und auch Lustgewinn.

Es gibt einen Film über den seit achthundert Jahren bestehenden Thomanerchor aus Leipzig, der sehr eindrucksvoll erzählt, wie Kinder und Jugendliche dieses sehr intensive Gemeinschaftsleben empfinden, das sich diametral von dem ihrer Altersgenossen außerhalb des Chors unterscheidet. Der Tagesablauf ist äußerst straff, viele Gesangsproben stehen an. Jede Woche wird in der Thomaskirche eine Motette aufgeführt, für die Laienchöre sechs bis neun Monate proben! Daneben wird der Schulalltag im Gymnasium absolviert. Man teilt sich altersgemischt mit mehreren eine Stube, die eigene Privatsphäre ist verschwindend klein. Am Heiligen Abend, einem der Höhepunkte des Jahres, ist der Chor an zahlreichen Auftritten beteiligt, am späten Abend gibt es dann eine Bescherung – immer noch im Internat, die eigenen Familien müssen hintenanstehen, sie werden erst am 25. Dezember besucht.

Und wie empfinden die Jugendlichen diese Mühen und Einschränkungen? Sie berichten einstimmig, dass sie den Heiligen Abend gemeinsam mit ihrem Chor unter keinen Umständen missen möchten. Viele sehen dem Abschied aus dem

Schulleben und damit dem Internat mit Wehmut entgegen, viele bleiben ihrem Chor ein Leben lang verbunden.

Wenn wir in unsere Kultur- und Entwicklungsgeschichte schauen, dann finden wir zahlreiche Rituale und Zeremonien, die das Gemeinschaftserleben und die Verbundenheit gestärkt haben. Häufig fanden und finden sie in der Kreisform statt, was sicherlich kein Zufall ist, da der Kreis wie keine andere Form des Zusammenseins die Verbundenheit symbolisiert. Man ist sich offen zugewandt, kann allen ins Gesicht schauen, hat einander im Blick! Und dann werden Tanz und Musik als wesentliche Elemente genutzt, weil in ihnen selbst eine große Kraft liegt. Sie vermitteln Urerfahrungen aus dem Mutterleib, wo Rhythmus, Bewegung und »Musik« ein zentrale Rolle spielen: Der Embryo ist permanent von den Rhythmen der Mutter umgeben, von Herzschlag, Atmung und körperlicher Bewegung, von ihrer Stimme und den Stimmen und Geräuschen der Umgebung, er erlebt dadurch Geborgenheit und Zugehörigkeit. Deswegen vermögen solche Erfahrungen auch im späteren Leben ähnliche Gefühle wiederzubeleben. Neurobiologisch zeigt sich das in einer Aktivierung des Bindungshormons Oxytocin.

Wir werden diese Erfahrung letztlich auf unsere Weltgemeinschaft ausdehnen müssen. Wir werden nur überleben, wenn wir begreifen, dass ein Miteinander allen dient, dass wir für Ausgrenzung einen hohen Preis zahlen, nämlich Krieg, Elend und fortgesetzten Kampf. Solange wir im dualistischen Denken und Handeln verharren, bleiben viele kreative Kräfte gebunden, die Einheit und Verbundenheit freisetzen können.

Es geht im Kern um die Entwicklung einer Kultur der Liebe, um ein altes, aber zutreffendes Wort zu gebrauchen. Denn Liebe vermag zu verbinden, trotz Verschiedenheit, Liebe vermag im anderen das Gemeinsame zu sehen, das Verbindende. Liebe schlägt Brücken über Gräben, die zuvor unüberwindbar erschienen. Hierfür gibt es eindrucksvolle Beispiele wie die Lebensgeschichte Nelson Mandelas und vieler anderer.

Albert Einstein formuliert das so: »Ein menschliches Wesen ist Teil des Ganzen, welches wir ›Universum‹ nennen, ein in Zeit und Raum begrenzter Teil. Er erfährt sich selbst, seine Gedanken und Gefühle, als etwas vom Rest Getrenntes – eine Art optische Täuschung seines Bewusstseins. Diese Täuschung ist eine Art Gefängnis für uns, das uns auf unsere persönlichen Wünsche und Verlangen und die Zuneigung zu einigen uns nahestehenden Menschen beschränkt. Unsere Aufgabe muss sein, uns aus diesem Gefängnis zu befreien, indem wir den Kreis unseres Mitfühlens so erweitern, das es alle lebenden Kreaturen und die ganze Natur in all ihrer Schönheit einschließt.«[58] Und ganz offensichtlich suchen wir Menschen auch nach Verbundenheit mit etwas Größerem als uns selbst. Das Eingangszitat bringt dies bereits zum Ausdruck. Eine persönliche religiöse oder spirituelle Ausrichtung trägt zu einem Gefühl von Halt und Getragensein bei in einer letztlich genauso unsicheren Welt wie vor Jahrhunderten und vielleicht auch Jahrtausenden. Trotz aller Fortschritte müssen wir Menschen immer wieder feststellen, dass wir so vieles nicht in der Hand haben. Der Blick auf das, was jenseits von uns tragen könnte, wird dadurch geweitet.

In der Lebensgeschichte meines Vaters spielt die Verbundenheit eine überragende Rolle. Zunächst sind es die familiären Beziehungen, die Erfahrungen von Geborgenheit vermittelnden Lieder, später eine religiöse Heimat, die sich stets verändert und weitet und gerade dadurch bis heute Schutz und Halt vermittelt. Es sind Menschen, die sein Leben bis in die Gegenwart hinein bereichern, mit denen er sich verbunden fühlt und mit denen er sich durch sein vielfältiges Engagement (meditatives Tanzen, Literaturkreis etc.) verbindet. Verbundenheit zu erleben, ist ein aktiver Prozess, den jeder von uns gestalten kann!

Diese Art von Halt und Verbundenheit erfüllt unser so grundlegendes Bindungsbedürfnis unabhängig davon, wie die Erfahrungen hiermit in der frühen Kindheit ausgesehen haben. Und so verwundert es nicht, dass sich das auch körperlich niederschlägt. Es gibt Berichte darüber, dass die Operationswunden von Menschen mit einer spirituellen oder religiösen Überzeugung schneller und mit deutlich weniger Komplikationen verheilen als diejenigen der nichtreligiös oder nichtspirituellen Menschen!

Nach Peter Levine kann eine solche Erfahrung von Verbundenheit nicht ohne eine innere Beziehung zu unseren Instinkten und Gefühlen gelingen. Er schreibt:»Hierin liegen die Wurzeln des Traumas. Die Entfremdung von unserem ganzheitlichen inneren Empfinden hat zur Folge, dass unsere Emotionen in der Einsamkeit umherirren, wodurch der rationale Teil unseres Geistes Phantasien schafft, die von Abgetrenntheit statt von Verbundenheit geprägt sind. Diese Phantasien zwingen uns, miteinander in Wettstreit zu treten, Kriege zu führen, einander zu misstrauen und den natürlichen Respekt vor dem Leben zu untergraben. Wenn wir unsere Verbundenheit mit allen Menschen und Dingen nicht spüren, haben wir weniger Hemmungen, Menschen und Dinge zu zerstören oder zu ignorieren. Menschen sind von Natur aus kooperativ und liebevoll. Es macht uns Freude zusammenzuarbeiten. Doch wenn die verschiedenen Teile unseres Gehirns nicht im Einklang stehen, sind wir uns dieses grundlegenden Strebens nach liebevoller Zusammenarbeit nicht bewusst.«[59]

Mit der Maibaumübung nach Phyllis Krystal möchte ich dieses Kapitel abschließen, sie kann über den Weg der Imagination einen schönen Beitrag für Verbundenheitserfahrungen leisten und dem »echten« Leben unter die Arme greifen.[60]

MAIBAUMÜBUNG

Stellen Sie sich vor Ihrem inneren Auge einen Maibaum vor. Der Maibaum steht groß, kräftig und geschmückt, fest in der Erde verankert. Von seiner Spitze hängen viele bunte Bänder in verschiedenen Farben herab. Sie selbst stehen mit anderen Menschen im Kreis um diesen Maibaum – mit Menschen, die Ihnen nah und wichtig sind, und vielleicht auch mit Menschen, die Sie nicht kennen, mit Menschen, die Ihnen guttun und Ihnen wohlgesonnen sind.

Stellen Sie sich nun, wenn Sie mögen, vor Ihrem geistigen Auge vor, wie Sie gemeinsam mit den anderen zur Mitte gehen und Sie alle das Ende eines der bunten Bänder greifen. Dann gehen Sie wieder gemeinsam mit den anderen, ein Band in der Hand haltend, auf Ihren Platz im Kreis zurück. Schlingen Sie es leicht um eine Hand und halten Sie es leicht gespannt. Versuchen Sie jetzt die Spitze des Maibaumes zu spüren; vielleicht können Sie über dieses Zentrum die Verbindung mit allen anderen im Kreis wahrnehmen.

Wenn Sie mögen, dann gehen Sie noch einen Schritt weiter und stellen sich vor, dass dieses Zentrum auch etwas verkörpert, was über all Ihre Vorstellungen und Konzepte, was über Sie als Person hinausgeht, etwas, das Sie vielleicht als universelle Weisheit, bedingungslose Liebe oder auch Einssein mit allem bezeichnen können. Spüren Sie dem nach, wie fühlt es sich an, welches Körperempfinden bemerken Sie?

Was auch immer Sie bemerken, es ist in Ordnung. Auch wenn Sie diesen Schritt nicht mitgehen wollen, ist das in Ordnung. Nehmen Sie dann einfach das Verbundensein mit Ihnen wichtigen und wohltuenden Menschen wahr und freuen Sie sich daran.

Richten Sie nun noch einmal all Ihre Aufmerksamkeit auf das Zusammenlaufen der bunten Bänder an der Spitze. Fest auf der Erde stehend, sind Sie mit allen Menschen Ihres Lebenskreises verbunden, ja mit allen wohltuenden Lebewesen überhaupt – eins mit allem.

Verabschieden Sie sich dann von Ihrem Maibaum und kehren Sie langsam mit Ihrer Aufmerksamkeit in den Raum und die Gegenwart zurück.

VERTIEFENDE FRAGEN UND ANREGUNGEN

Wenn Sie mögen, nehmen Sie sich etwas Zeit für sich und die Beantwortung der folgenden Fragen. Notieren Sie Ihre Antworten! Vielleicht mögen Sie auch mit Ihrem Partner beziehungsweise Ihrer Partnerin oder Freunden über Ihre Antworten ins Gespräch kommen.

Womit fühlen Sie sich verbunden? Welche Überzeugung trägt Sie durchs Leben und gibt Ihnen Halt auch in schwierigen Situationen?

Fühlen Sie sich als Teil einer Gemeinschaft, als Teil von etwas Größerem? Vielleicht mögen Sie zu diesem Thema auch Lebensgeschichten anderer Menschen lesen und das zum Anlass nehmen, mit Freunden darüber ins Gespräch zu kommen!

An wen wenden Sie sich, wenn Sie Unterstützung oder Trost benötigen? Wer ist Ihnen nahe, vielleicht obwohl er oder sie räumlich fern ist? Vielleicht möchten Sie das dieser Person mitteilen!

DIE KUNST, AM SCHWEREN ZU WACHSEN

KRIEG, VERTREIBUNG, FLUCHT UND IHRE FOLGEN IN DER NACHKRIEGSZEIT

Traumata zählen zu den wichtigsten Kräften der menschlichen Entwicklung, des psychischen, sozialen und spirituellen Erwachens. Der Umgang mit diesem Phänomen beeinflusst unsere Lebensqualität entscheidend. Letztlich bestimmt dies, wie und sogar ob wir als Spezies überleben werden.
Peter Levine

Der zweite Weltkrieg, von dem hier die Rede ist, brachte unendliches Leid über unzählige Menschen. Millionen starben durch Krieg, Vertreibung oder Flucht, Millionen überlebten und mit ihnen die Schrecken, das Unsagbare und bis heute vielfach Ungesagte! Zahlen vermögen dies nur anzudeuten und doch geben sie einen Hinweis auf das Ausmaß des Traumatischen: So kamen 40 Prozent der Männer des Jahrgangs 1920 ums Leben, 1,7 Millionen Frauen wurden zu Witwen, 2,5 Millionen Kinder zu Waisen oder Halbwaisen. Der Krieg hinterließ ca. 1,9 Millionen Vergewaltigungsopfer, er führte dazu, dass 14 Millionen Menschen zwischen 1944 und 1947 ihre Heimat durch Vertreibung verloren, wovon ca. 470.000 auf der Flucht starben.[61]

Was wir heute wissen, ist, dass ca. 60 Prozent der heute älteren Deutschen im Zweiten Weltkrieg in Kindheit und Jugend traumatische Erfahrungen gemacht haben und dass diese oftmals im Alter durch Hilflosigkeit und Gebrechen reaktualisiert werden! Durchschnittlich berichten die Überlebenden von zwei bis sechs kriegsbezogenen Traumata wie Flucht, Tod nahestehender Angehöriger, Armut in der Nachkriegszeit, Flüchtlingsstatus, Luftangriffen etc.[62] Häufig gehen diese Erfahrungen mit einer schlechteren physischen und psychischen Gesundheit einher, die Rate der an einer posttraumatischen Belastungsstörung Erkrankten ist erhöht; die Zahlen in den genannten Bevölkerungsgruppen schwanken zwischen 4,5 Prozent und 31 Prozent.

Nimmt man die Fälle derjenigen hinzu, die an einer unvollständig ausgeprägten posttraumatischen Belastungsstörung leiden, die nicht minder belastend sein kann, weil einen beispielsweise wiederkehrende Bilder, sogenannte Flashbacks plagen, liegen die Zahlen zwischen 25 und 33 Prozent. Mitgerechnet sind dabei noch nicht all diejenigen Erkrankungen, die man als Traumafolgestörungen bezeichnet, wie zum Beispiel Depressionen, Ängste, organisch nicht erklärbare Schmerzzustände.

Darüber hinaus sind das Lebensalter zum Zeitpunkt der Traumatisierung und die Schwere bedeutsam. Während Einvernehmen darüber herrscht, dass eine höhere Dosis auch schädlicher ist, gehen die Auffassungen über die Bedeutsamkeit des Alters zum Zeitpunkt der Traumatisierung auseinander. Sicherlich können sich die Älteren, die zu Kriegsbeginn schon fünf bis sechs Jahre alt waren, noch an mehr erinnern und haben auch über die gesamte Zeitspanne mehr Schrecken gesehen. Auf der anderen Seite wissen wir aber auch, dass traumatischer Stress das Gehirn eines sehr jungen Menschen am empfindlichsten trifft, obwohl die Betroffenen unter Umständen keine eindeutigen Schreckensbilder erinnern können. Formal erfüllen sie somit ein wesentliches Charakteristikum für eine PTBS, nämlich das Wiedererleben, nicht. Dennoch, die Folgen sind erheblich, die Gehirnstrukturen und der Gehirnstoffwechsel (insbesondere der des Stresshormons Cortisol) sind verändert und können eine zeitlebens fortbestehende erhöhte Stressanfälligkeit auf Reize bewirken, die ein gesundes Gehirn gut bewältigen kann.

Mittlerweile wissen wir darüber hinaus aus großen Studien[63], dass frühkindliche Traumatisierung nicht nur mit vermehrter psychischer Symptomatik, sondern auch mit einem höheren Risiko an körperlichen Erkrankungen einhergeht. Hierzu zählen zum Beispiel Herzkreislauferkrankungen, chronische Lungenerkrankungen, Diabetes und Lebererkrankungen.

Dies hängt vermutlich mit einem weiteren wichtigen Aspekt zusammen, auf den der Psychoanalytiker und Traumaexperte Hartmut Radebold kürzlich hingewiesen hat.[64] Vor allem die Generation der heutigen Männer über 65 vernachlässigt häufig ihren Körper, da sie immer noch von den Erziehungsritualen der Kriegs- und Nachkriegszeit geprägt ist. Diese zeichnet sich aus durch mangelnde Rücksichtnahme auf den eigenen Körper, Härte gegenüber sich selbst und Ignorieren von Schmerz als Warnsignal.

Der eigene Körper wird somit zur »Maschine«, die man im Schadensfall in die Werkstatt zur Reparatur bringen kann, verbunden mit der Hoffnung auf ein Medikament oder im Zweifel einen operativen

Eingriff, die die Funktionsfähigkeit wiederherstellen. Andere sollen für die eigene Gesundheit zuständig sein, was eben nur zu einem Teil funktioniert. Hier ein verändertes Gesundheitsrisikoverhalten zu etablieren, erscheint schwierig und kommt vermutlich für viele zu spät.

Und es kommt noch etwas Wichtiges hinzu, was die Verarbeitung der traumatischen Erlebnisse erschwert und vielleicht sogar über Jahrzehnte verunmöglicht hat: das kollektive Schweigen, das gemeinsame Einvernehmen, das Erlittene durch Arbeit, Wiederaufbau, Neuanfang vergessen zu machen. Wie sehr das auch die sogenannte Enkelgeneration geprägt hat, ist in den letzten Jahren zunehmend Gegenstand der Forschung. Sie wuchs häufig mit der Einstellung der Eltern auf:»Eure Probleme sind klein und unbedeutend im Vergleich zu unseren.« Sie erlebten, dass die Eltern mit sich beschäftigt waren, dass Gefühle nicht gezeigt wurden und ein Austausch miteinander nicht stattfand. Vielleicht wurden»Kriegsanekdoten« erzählt, was sie aber wirklich erlebt und erlitten hatten, welche Wunden das in ihren Seelen hinterlassen hatte, darüber wurde in aller Regel geschwiegen.

All das habe ich in meinem Elternhaus nicht erlebt. Meine Eltern berichteten offen von ihren Kriegserlebnissen. Nur deshalb wusste ich um die Geschichte meines Vaters, die er auf den folgenden Seiten erzählt.

DIE LEBENSGESCHICHTE VON HANS-HERMANN FIRUS

Ostpreußischer Winter 44–45: Der Schnee auf dem Gut meiner Eltern türmte sich meterhoch. Im Garten war an einigen Stellen die Erde mühsam ausgehoben worden, tiefe Löcher waren entstanden. Die ganze Familie musste dort hineinsteigen, wenn wieder einmal die Sirene ihr ohrenbetäubendes Signal erklingen ließ, was so viel hieß wie: Fliegeralarm und Bombardierung der Stadt Königsberg. Königsberg brannte. Der Himmel war feuerrot und voller Kondensstreifen. Nur wenige Kilometer von Königsberg entfernt hatten meine Eltern ihr Gut. Deshalb bekamen wir alles mit, was in der Großstadt geschah. Ich war fünf Jahre alt. Zu meiner Familie gehörten noch eine sechs Jahre ältere Schwester, ein fünf Jahre älterer Bruder und eine eineinhalbjährige Schwester.

Ich schnappte mir meinen Lieblingsteddy, rannte in den Garten zusammen mit meiner Mutter. Auf dem Arm hatte sie meine kleine Schwester. Mir flüsterte sie einen Satz zu, der mich fortan begleitete: »Junge, wir schaffen es gemeinsam!!!« Wir stiegen alle in diese Erdlöcher und warteten das Ende des Fliegeralarms ab. Ich hatte dabei immer diesen Satz meiner Mutter im Ohr: Junge, wir schaffen es gemeinsam!

Solch ein Satz schafft Vertrauen ins gefährdete Leben.

Die folgenden Monate waren geprägt von vielen Verlusten. Das eindrücklichste Erlebnis wurde die Vertreibung vom Gut meiner Eltern. Ein deutscher Major kam am 24. Januar 1945 mit einem Trupp deutscher Soldaten auf unser Gut und ordnete an, dass meine Mutter innerhalb der nächsten zwei Stunden das Gut zu verlassen habe. Es blieb meiner Mutter wenig Zeit, das Notwendigste zum Überleben auf einen Pferdewagen zu werfen, das Vieh aus den Ställen zu lassen, die Kinder auf den Wagen zu hieven und sich dann einzureihen in den kilometerlangen Treck, der ständig unter Beschuss aus der Luft stand. Sie musste alle Entscheidungen allein treffen. Mein Vater war ja eingezogen worden. Meine Mutter wusste nicht, wo er sich aufhielt. Auf unserem Gut hatte sich ein Großteil unserer Verwandtschaft versammelt, die ihre

Höfe schon früher verlassen hatten und zu uns kamen, weil sie alle meinten, unser Gut sei günstiger gelegen für eine eventuelle Flucht. Die Straßen waren überfüllt: weinende Mütter am Straßenrand, erschossene Pferde, zerbrochene Wagen, schreiende Menschen. Die Angst war fast mit den Händen zu greifen, und das Herz war schon längst von ihr ergriffen. Meine Mutter hatte genug mit dem Kleinkind zu tun. Ich lief so nebenher, aber getragen vom Vertrauen: Wir schaffen es gemeinsam. Ich verkroch mich im hinteren Teil des Pferdewagens. Solange die Mutter in meiner Nähe war, konnte mir ja nicht viel passieren, von dieser Gewissheit wurde ich getragen.

Immer wieder kam der lange Treck mit den fliehenden Menschen ins Stocken, weil erschossene Pferde oder zerbrochene Wagen den Weg versperrten. In dieser Zeit waren es die still vor sich hingesprochenen Gebete meiner Mutter, die mir klarmachten, dass es etwas gibt, was uns als Familie vor Unglück und Schäden bewahrt. Ich lernte einer höheren Instanz zu vertrauen, die ich bis dahin noch nicht kannte, der ich mich aber langsam annäherte.

Es gab dazwischen immer wieder Tage der Rast für die zwei Pferde, die unseren Fluchtwagen zogen. Wir suchten dann Gehöfte auf, die schon länger von ihren Besitzern verlassen waren. Unvergesslich blieb mir, dass wir auf der Flucht an eine Weggabelung kamen, an der die Pferdefuhrwerke von Militärposten entweder nach rechts oder links gelenkt wurden. Ein Onkel von mir musste seinen Wagen nach rechts lenken und fuhr direkt einem russischen Trupp entgegen und wurde auf der Stelle erschossen. Das hat mich als Kind später immer beschäftigt, warum wir verschont wurden und er mit seiner Familie nicht!

Die letzten vier Wochen bis Mitte April 45 hielten wir uns in einem Dorf an der Kurischen Nehrung auf. Meine Mutter glaubte immer noch, dass »all dieser Spuk« vorübergehen würde und wir rasch wieder auf unseren Hof zurückkehren könnten.

Meine sechs Jahre ältere Schwester und ich spielten oft auf der Straße und suchten eines Tages die in der Nähe stehende Kirche auf. Wir wussten nicht, dass sie vom Roten Kreuz als Lazarett benutzt wurde. Hunderte von verwundeten Soldaten lagen dort. Einige schrien, weil ihnen Arme oder Beine abgeschossen waren. Sie warteten auf Hilfe. Meine Schwester und ich waren von diesem Anblick zu Tode erschrocken. Diese Bilder ließen uns nicht mehr los, bis in die Träume hinein verfolgten sie uns.

1998 bin ich mit meiner Frau und meiner Schwester an diesen Ort zurückgekehrt. Wir standen in dieser Kirchenruine, die damals 1945 in den letzten Kriegstagen als Lazarett fungierte. Bewegend waren jetzt für mich diese Momente der Rückblende. Nur zwei Tage nachdem wir diesen Ort damals verlassen hatten, fand hier die letzte große Schlacht in Ostpreußen statt. Tausende Deutsche und Russen hatten hier ihr Leben gelassen, Tausende Familien wurden nach Sibirien verschleppt. Die russische Armee hatte schon längst Ostpreußen besetzt. Nur noch dieser kleine Zipfel nahe der Kurischen Nehrung und des Haffs war in deutscher Hand.

Als wir 1945 hier zufällig meinen Vater trafen – dies grenzt an ein Wunder in diesen letzten Kriegstagen in Ostpreußen –, der mit einer Truppe von Soldaten durchs Dorf gezogen kam und seine Kinder auf der Straße spielen sah, veranlasste er, dass wir sofort alles stehen und liegen lassen sollten. Wir Kinder bekamen einen kleinen Rucksack umgehängt, in dem Silberbestecke, Fotos und Schmuck meiner Mutter verstaut wurden, auch Papiere wie Ausweise und der Familienstammbaum hatten dort vorläufig Platz. Die ganze Familie eilte zum Bahnhof, um dort einen der letzten Züge, die noch zum ostpreußischen Hafen Pillau fuhren, zu bekommen.

Schrecklich diese zweistündige Zugfahrt, die vom ständigen Fliegeralarm der Russen begleitet wurde. Die Geschosse flogen durch die Abteile, wir lagen auf den Böden, hörten schreiende Mütter und Kinder, die getroffen waren und notdürftig ihre Wunden mit dem letzten Hab und Gut verbanden. Ich erinnere nur noch meine tiefgründige Angst, die mich fast starr sein ließ.

Meine Mutter kümmerte sich um meine kleine Schwester, die krank war, mein Vater hatte mich an seiner Hand, wir kuschelten uns alle zusammen, so als könnte uns die körperliche Nähe vor den Geschossen schützen. Im Hafen angekommen fanden wir dort tatsächlich noch ein ganz altes Frachtschiff, das in den nächsten Stunden in See stechen wollte. »Mars Bremen« hieß dieses Schiff. Dreitausend Flüchtlinge wurden in dieses Schiff gestopft. Am Kai spielten sich erschütternde Szenen ab, weil alle Männer zurückbleiben mussten. Mütter und Kinder sahen noch einmal, vielleicht zum letzten Mal ihre Männer und Väter, bevor sich das Schiff langsam in Bewegung setzte, ebenfalls wieder begleitet von den Schüssen aus der Luft und den unsichtbaren Minenfeldern im Wasser, die das Schiff in den folgenden Tagen oft zum Stehen brachten. Keiner von uns wusste, wohin das Schiff gesteuert wurde. Viele kranke Menschen unter Deck erlebten, dass ihnen nicht geholfen werden konnte. Medikamente gab es nicht.

Meine Mutter war mit meiner kleinen Schwester beschäftigt, die Masern und eine Lungenentzündung hatte und so dringend ärztlicher

Hilfe bedurfte. Wir waren im Unterdeck untergebracht. Unvergesslich ist mir der Gestank in der Enge des Schiffes. Das Sterben der Menschen, die keine ärztliche Hilfe bekamen, bestimmte das Bild. Ich begegnete als Fünfjähriger zum ersten Mal dem Tod. Auch meine Schwester brauchte Medizin, die es nicht gab. Sie rang auf dem Schiff schon mit dem Tode. Meine Mutter war verzweifelt, weil sie das todkranke Kind im Arm hatte und nicht helfen konnte. Nach acht Tagen legte das Schiff in Kopenhagen an. Alle Flüchtlinge wurden in einer ehemaligen Autofabrik untergebracht, umgeben war diese Riesenhalle von Stacheldraht, keiner durfte das Lager verlassen. Wir wurden wie Schwerstverbrecher von den Dänen behandelt. Auch hier gab es keine Medikamente für die Kranken.

Hierzu las ich 1999 im Hamburger Abendblatt einen Artikel mit dem Titel »Warum 7000 Kinder sterben mussten in Dänemark«: »Eine Studie über das Sterben von mehr als 10000 deutschen Flüchtlingen in Dänemark kurz vor und nach Kriegsende hat die Öffentlichkeit des skandinavischen Landes aufgeschreckt. Dass unter den Flüchtlingstoten zwischen 1945 und 1949 mehr als 7000 Kleinkinder waren, denen neben ausreichender Verpflegung vor allem jede medizinische Hilfe verweigert wurde, nannte die Kopenhagener Zeitung ›Politiken‹ jetzt ›erschreckend und inhuman‹.«

So kam es, wie es kommen musste: Meine kleine Schwester starb am 23. April 45. Meine Mutter musste ihr eigenes Kind in den Keller tragen, wo schon viele Leichen gestapelt waren.

Ein ganzes Jahr lang bekam meine Mutter keine Nachricht, auf welchem dänischen Friedhof in Kopenhagen ihr Kind beerdigt worden war. Diese Erfahrung wurde für meine Mutter zur Qual. Alle Bemühungen, über die Lagerleitung herauszubekommen, wo das Kind beerdigt war, schlugen fehl.

Ein Flüchtling hatte nichts zu fragen und zu wollen. Die Dänen zeigten sich in dieser ersten Phase nach dem Krieg sehr deutschfeindlich. Dies war nach ihren Erlebnissen im Krieg mit Hitler-Deutschland zwar verständlich, aber für die Flüchtlinge im Lager hinter dem Stacheldraht, die mit Erkrankungen, mit Hunger, mit der Erfahrung des Verlustes von Männern, Söhnen und der Heimat rangen, war dies ein weiteres Trauma mit vielen späteren Nachwirkungen.

Wir litten alle im Lager, wurden schwer krank, weil es keine Medikamente gab. Bei einem Versuch meiner Mutter, das Lager zu verlassen und in Kopenhagen die Friedhöfe abzusuchen, lernte sie in der Stadt eine Dänin kennen, die meiner Mutter half, für Schmuck, den wir Kinder auf der Flucht in unseren Rucksäcken hatten, Brot zu kaufen und dies wiederum ins Lager einzuschmuggeln, um uns Kinder besser zu versorgen. Zusammen mit circa dreißig Menschen waren wir in einem kleinen Raum untergebracht, der mit wenig Stroh auf den Zementfußböden ausgestattet war. Irgendjemand hatte sich eine Gitarre besorgen können und fing an, alte Volkslieder und Kirchenlieder zu spielen. Das schuf eine Atmosphäre der Geborgenheit und des Friedens. Es wurde ganz viel gesungen. Diese Lieder haben mich in den folgenden Jahren begleitet und haben mir ein Vertrauen ins Leben geschenkt, Lieder mit Seele, wie zum Beispiel das sogenannte Ostpreußenlied:

Land der dunklen Wälder
Und kristallnen Seen,
über weite Felder
lichte Wunder geh'n.

Starke Bauern schreiten
Hinter Pferd und Pflug,
Über Ackerbreiten streicht der Vogelzug.

Und die Meere rauschen den Choral der Zeit.
Elche steh'n und lauschen in die Ewigkeit.

Tag ist aufgegangen über Haff und Moor.
Licht hat angefangen, steigt im Ost empor.[65]

Oder das ostpreußische Liebeslied:

Ännchen von Tharau ist's, die mir gefällt,
sie ist mein Leben, mein Gut und mein Geld.
Ännchen von Tharau hat wieder ihr Herz
auf mich gerichtet in Lieb und in Schmerz.
Ännchen von Tharau, mein Reichtum, mein Gut,
du meine Seele, mein Fleisch und mein Blut.

Alle diese Liedtexte verstand ich als Kind nicht. Aber sie vermittelten mir ein Gefühl der Geborgenheit. Vor allem ein altes Kirchenlied, das viel gesungen wurde, stillte mein Bedürfnis nach einer Heimat:
»Befiehl du deine Wege und was dein Herze kränkt der aller treusten Pflege des, der den Himmel lenkt. Der Wolken, Luft und Winden gibt Wege, Lauf und Bahn, der wird auch Wege finden, da dein Fuß gehen kann.«
Fortan haben mich dieses Lied und dieser Text begleitet, haben mich stark gemacht für viele oft auch schwierige Situationen des Le-

bens. An vielen Kranken- und Sterbebetten habe ich im Laufe der späteren Berufsjahre dieses Lied gesungen und dabei gespürt, dass es Texte gibt, die tragen, die Geborgenheit schenken, die Vertrauen schaffen ins gefährdete oder gelebte Leben!

Als Kind habe ich nur die Wohltat der Melodien gespürt. Sie schufen ein Haus in mir, in das ich immer fliehen konnte, wenn es mir nicht gut ging, wenn ich Angst hatte.

Auch später wurde in meiner Familie sehr viel musiziert und gesungen. Lieder und deren Texte begleiten mich bis heute und geben mir ein Bewusstsein, in etwas ganz Altes und Vertrautes eintauchen zu können. Der Theologe Fulbert Steffenski hat mal in einem Vortrag gesagt: »Die Qualität vieler Liedtexte über Qualität hinaus besteht darin, dass so viele Menschen vor uns ihre Hoffnung und ihre Lebensvisionen in diese Texte geschüttet haben. Wir sind nicht in die Kärglichkeit unserer eigenen Sprache gefesselt, wenn wir gelegentlich in die Sprache der Toten fliehen. Wir sind Gast in fremden Zelten, Gäste von großen Lebensbildern. Wir sind humorvolle Gäste, die wissen, dass sie in dieser Sprache nicht ganz zu Hause sind.«

So haben mich viele gesungene Texte getragen und motiviert, dem Leben zu vertrauen! Im Flüchtlingslager war ich umgeben von kranken Menschen, die jeden Strohhalm von Hoffnung ergriffen, um zu überleben. Und ein solcher Strohhalm war das gesungene Lied.

Nach dem ersten Jahr Flüchtlingslager in Kopenhagen wurde meine Mutter mit uns Kindern und einigen Verwandten in die Nähe von Aarhus auf Jütland gebracht. Dort lebten wir noch einmal zwei Jahre in ganz engen Baracken in einem großen Lager mit Tausenden Flüchtlingen. Diese Jahre waren geprägt von der Sehnsucht nach der verlorenen Heimat, die vor allem in den Erwachsenen lebte, vom Warten auf Nachrichten des Roten Kreuzes, das nach Angehörigen im Westen Deutschlands suchte, vom Überlebenswillen der Mutter, die nicht aufhörte zu glauben, dass wir bald mit unserem Vater wieder zusammen sein werden.

Dies geschah dann auch 1948 im Januar. Wir durften mit der gesamten Familie nach Westen reisen. Das Rote Kreuz hatte unseren Vater in der Nähe von Hannover gefunden. Alle Hoffnungen richteten sich nun darauf!

Die Begegnung mit meinem Vater war für mich als fast Neunjähriger mit Ängsten besetzt. Mehr als drei Jahre hatte ich ihn nicht gesehen. Er war für mich ein fremder Mann. Hinzu kam, dass er sich wohl auch durch die Kriegserlebnisse und durch den Verlust seines Gutes stark verändert hatte.

Ich bekam keinen Zugang zu ihm, vermisste die kindliche Zuwendung. Wenn er abends nach Hause kam, erlebte ich ihn sehr oft schweigsam, nicht am Geschehen der Familie Anteil nehmend. Ich spürte eher Ängste, ihm zu begegnen. Er selbst war mit dem Aufbau einer neuen beruflichen Existenz beschäftigt und wahrscheinlich nicht weniger mit seiner Vergangenheit.

Es ist für mich bis heute unbegreiflich, dass ich und auch meine beiden älteren Geschwister meinem Vater nie Fragen stellten zu seiner nationalsozialistischen Vergangenheit während des Krieges. Er war Ortsgruppenleiter in dem Dorf, in welchem meine Eltern ihr Gut hatten. Er hat nie darüber gesprochen, was er in dieser Position gesehen und gehört hat. Und wir als Familie haben nie nachgefragt. Hier blieb ein Geheimnis im Raum, das sich nicht lüften ließ. Hier lagen Ereignisse im Dunkeln, die auf mich als Kind und später als pubertierender Jugendlicher gewirkt haben. Sie machten auch mich zunächst verschwiegen. Sie ließen mich Dinge nur vermuten, ohne dass ich Gewissheit erlangen konnte. Natürlich frage ich mich heute im Rückblick oft, warum ich nicht nachgefragt habe. Vielleicht war es eine unbewusste Angst, die mich daran hinderte, mehr zu erfahren. Zumindest verbreitete dieses Verschweigen eine unheimliche Heimlichkeit. Auch in späteren Jahren hat mein Vater an diesem Geheimnis nicht gerüttelt. Er hat diese Ereignisse des Krieges verdrängt. Sie blieben für immer verborgen. Durch seinen Glauben bekam sein Leben eine neue, ihm Sinn gebende Richtung.

Aber zurück zur Nachkriegssituation: Als wir 1948 nach der Familienzusammenführung ein Zimmer auf einem Bauernhof nahe Hildesheim zugewiesen bekamen, wurden wir dort nicht willkommen geheißen. Die Besitzer ließen die Rollläden runter, als sie uns auf den Hof kommen sahen, und riefen von drinnen: »Ihr Flüchtlingspack, macht dass ihr wieder dorthin kommt, wo ihr hergekommen seid. Ihr habt nie etwas besessen und werdet auch in Zukunft nichts besitzen.«

Man ließ uns draußen stehen. Meine Mutter setzte sich – bis dahin immer stark – auf die wenigen Habseligkeiten und weinte bitterlich. Das war also unser »Willkommen im Westen«. Wir waren Fremdlinge unter unseren Landsleuten, missachtet und verspottet, nicht willkommen. Wir machten den Einheimischen Angst. Fremd bleiben im eigenen Land – das blieb einige Jahre ein brennendes Thema. Das hat mich lange beschäftigt, hat mir einen Weg gewiesen hin zu den Schwachen, den Kranken, den Nichtanerkannten. Wir bekamen in einem anderen Haus ein Zimmer von zwölf Quadratmeter und eine Schlafkammer von acht Quadratmeter. Dort wohnten wir zu fünft fast sechs Jahre.

Wir Kinder wurden auch auf der Straße zunächst missachtet, durften nicht mitspielen, wurden regelrecht gemieden. Es dauerte etwa drei Jahre, bis wir einigermaßen integriert waren in dieser »neuen Heimat«. Meine Mutter musste alle Kräfte zusammennehmen, um in den folgenden Jahren das Leben zu bewältigen. Wir hatten oft nichts oder wenig zu essen. Aus ein paar Nahrungsmitteln musste etwas gezaubert werden für eine fünfköpfige Familie. In dieser Zeit begann der christliche Glaube für meine Eltern eine größere Rolle zu spielen. Ihre Elternhäuser waren durchaus christlich geprägt, aber in den ersten Ehejahren bis zum Kriegsausbruch 1939 hatte der Glaube keine Bedeutung. Jetzt in der Notsituation der Nachkriegszeit formierte sich der Glaube neu für die ganze Familie. Nun war es mein Vater, der immer wieder zum Ausdruck brachte: »Wir schaffen es.« Er hatte immer noch die Hoffnung, dass wir bald nach Ostpreußen zurückkehren würden. Und als dieser Hoffnungsschimmer verglühte, vertraute er darauf, wieder ein Stückchen Land zu bekommen, das er beackern könnte, um langsam eine dauerhafte Existenz aufzubauen.

Doch alle Bemühungen gingen ins Leere. Er lernte daraufhin noch einmal etwas ganz Neues, machte eine kaufmännische Prüfung und baute langsam ein Geschäft mit Herrenbekleidung auf, etwas völlig Artfremdes. Ein Gutsbesitzer, der die Ackerscholle über alles liebte, begab sich ins Geschäftsleben. Darin blieb er ein Fremdling und hatte keinen großen Erfolg.

Überhaupt brach in dieser Phase des Fußfassens ein neues großes Unglück in meine Familie ein. Meine Mutter erkrankte an Krebs. Ärzte gaben ihr noch zwei Jahre Lebenszeit. Als diese Diagnose gestellt wurde, war meine Mutter gerade einmal 44 Jahre alt.

Es wurde für mich ein Schock, als mein Vater eines Nachts – aus dem Krankenhaus kommend – meiner damals zwanzigjährigen Schwester die Diagnose der Ärzte und deren Prognose mitteilte. Mein Vater war der Meinung, ich schliefe, aber ich hatte alles gehört. Wir hatten ja nur diesen einen Schlafraum für die ganze Familie.

Diese Nachricht erschütterte meine Seele. Fortan hielt ich mich nachts, als meine Mutter aus der Klinik kam, wach, um auf ihren Atem zu achten. Ich wollte unbedingt mitbekommen, dass meine Mutter noch atmete, also lebte. Das Gespenst, dass sie bald sterben wird, verursachte in mir eine innere Hölle.

Was ich in jener besagten Nacht lauschend gehört hatte, teilte ich mit niemandem. Einige Jahre lag über dieser Erschütterung eine Decke. Ich sah, wie meine Mutter litt und starke Schmerzen hatte. Mehrere Operationen musste sie in den folgenden Jahren über sich ergehen lassen – ohne Erfolg. Sie wusste, dass sie sterben wird, und wollte und konnte nicht einwilligen.

Schließlich kam sie zum Sterben. Zwölf Stunden saßen wir als Familie an ihrem Sterbebett. Acht Stunden schrie sie:»Helft mir doch, ich möchte noch bei euch bleiben.«

Diese Stunden am Sterbebett der Mutter mit ihrem Schreien nach Hilfe brachten mich in den folgenden drei Jahren zum Verstummen. Ich konnte nicht begreifen, dass Gott meine Gebete nicht erhört hatte. Mein kindliches Glaubensgebäude brach zum ersten Mal zusammen.

Ich besuchte auf dem Friedhof täglich meine Mutter. Freunde hatte ich in dieser Zeit nicht. Mein Leben bestand aus dem Schulalltag, ich besuchte ein humanistisches Gymnasium, und in der Freizeit war ich täglich am Grab meiner Mutter. Dort fand man mich einige Male ohnmächtig am Grab liegen. Dennoch wurde ich durch diese mühsame Lebensphase getragen. Ich hatte immer den Willen zum Durchhalten.

Der katholische Theologe Hans Küng hat einmal gesagt: »Ein grundsätzliches Ja lässt sich in der Praxis des Lebens trotz aller Schwierigkeiten und Hemmnisse konsequent durchhalten. Es lässt sich trotz aller Mühsale, Anfechtungen und Enttäuschungen leben und durch ein ständig neues Standfassen und ein neues Ausschreiten bewähren. Ein Urvertrauen, das gegen alle immer wieder drohenden Anflüge von Frustration und Verzweiflung doch zur durchhaltenden Hoffnung wird.«[66]

Davon wurde in dieser Zeit in mir ganz viel geweckt. Das Urvertrauen wurde wach. Der Satz meiner Mutter vor der Flucht:»Junge, wir schaffen es«, wurde in diesen Monaten und Jahren lebendig und begleitete mich wieder neu. Ich wollte es schaffen. In der Schule waren meine Leistungen stark gesunken. Die Lehrer wussten nichts von meiner schwierigen Familiensituation. Als schließlich mein Klassenlehrer durch meinen Vater von der familiären Tragödie erfuhr, machte er sich ganz stark für mich, förderte mich, stützte mich, machte mir Mut, lud mich zu sich ein. Er machte buchstäblich meinen Rücken stark, indem er sich hinter mich und vor mich stellte in mühsamen Situationen. So hatte ich eine gute Vorhut und einen starken Rückhalt, die meine Lebenskräfte mobilisierten und meine Lebensfreude langsam wieder förderten.

Als ich siebzehn und achtzehn war, wurde dann ein amerikanischer älterer Freund zu einem wichtigen Gesprächspartner. Ich hatte ihn in einer Jugendbewegung kennengelernt. Wenn er in Deutschland unterwegs war, um Jugendwochen mitzugestalten, schrieb er mir Briefe, die mich stärkten.

Dazu kam noch eine Brieffreundschaft mit einer knapp vierzigjährigen verkrüppelten Frau, die ich auf einer Tagung kennengelernt hatte. Sie förderte mein Verständnis für Literatur und Musik. Lange Briefe wurden geschrieben, Gedanken wurden ausgetauscht über den »kleinen Prinzen« von Saint-Exupéry oder »Das Brandopfer« und »Die unruhige Nacht« von Goes.

Dann tauchte ich ein in Musik, besorgte mir Schallplatten und versuchte die gleiche Musik zu hören wie meine »ältere Brieffreundin«.

So schreibt sie einmal:

»Wenn ich Dir erzähle, dass das Schreiben von den Klängen der Flötensonate a-Moll von Händel begleitet wird, dann bist Du sicher davon überzeugt, dass es ein ›schöner‹ Brief wird. Hörst Du die Capriccio Italien und die Nussknacker-Suite von Tschaikowski, Kanon und Gigue sowie die ›Partita‹ von Pachelbel, Telemanns Partita Nr. 2 G-Dur – die sehr geliebte – und das Präludium und Fuge C-Dur und e-Moll von Bach …«

Ich habe mir dann Geld gespart und mir diese Stücke auf Schallplatten zugelegt. So wurde mein musikalischer Sinn geprägt. Außerdem half mir diese Frau, Stundenbilder für meine Jungschararbeit, die ich inzwischen aufgebaut hatte, zu entwickeln. So konnte ich vierzig Kinder im Alter von zehn bis fünfzehn Jahren leiten. Ich selbst wurde dabei noch einmal ganz lebendig und lernte toben, spielen, reden.

Doch das Entscheidende an dieser Freundschaft war noch etwas anderes: Diese verkrüppelte Frau lehrte mich, mich nicht selbst zu bemitleiden wegen meines familiären Schicksals oder wegen des Verlusts der Heimat und des frühen Tods der Mutter. Ich lernte durch diese Frau begreifen, dass es immer noch ein »Dennoch« gibt. Ich verstand, dass das Leben nur gelingen kann, wenn ich selbst immer wieder lerne »neu anzufangen« oder wie Martin Buber es einmal ausdrückte: »Fange nie an aufzuhören, höre nie auf anzufangen.«

So wurde diese Begegnung für mich wegweisend. Sie hat mich geöffnet für Musik, für Literatur, für andere Menschen.

Familiär blieb die Situation angespannt, weil mein Vater mit seinem Geschäft große finanzielle Sorgen hatte. Seine Existenz war eigentlich ständig gefährdet. Er litt fürchterlich, weil er immer am Rande eines Konkurses stand. Wenn er zu Hause war, bestimmten Sorge und Ängste das Klima. Deshalb wurde es für mich ganz wichtig, Freunde zu haben, die mich anhörten, mich stützten, mich aufmunterten, mit denen ich reden konnte.

Im Haus meines Vaters war ich einsam. Wenn ich aus der Schule nach Hause kam, musste ich mir mein Essen selbst machen, die Öfen anheizen, die Wohnung sauber machen. Dies war nicht immer leicht. Mir halfen die Außenkontakte ganz wesentlich. In der Einsamkeit zu Hause brachen sich die alten Erfahrungen immer wieder einmal Bahn und nahmen im Lebensgefühl einen großen Raum ein.

In dieser Zeit gab mir ein Jugendpastor mit seiner jungen Familie das Gefühl von familiärer Bindung. Dort konnte ich jederzeit hinkommen. Dort durfte ich über meine Gefühle und Gedanken sprechen. Und langsam wuchs in mir der Gedanke, nach dem Abitur ein Jahr lang mit einer Gruppe junger Frauen und Männer und diesem Jugendpastor durch Deutschland zu reisen, Jugendwochen zu gestalten, Gespräche zu führen mit anderen Jugendlichen, die es schwer hatten zurechtzukommen.

Viele dieser Gespräche drehten sich um Orientierung in einer Welt des Auf- und Umbruchs. Es war die Zeit des wirtschaftlichen Aufbaus unseres Landes. Aber auch damit hatten wir Jugendlichen unsere Probleme. Noch lagen die Jahre mit Hunger und dem Verlust der Heimat nicht so lange hinter uns. Noch vertrauten wir nicht völlig diesen »neuen Wundern« in unserem Land. Auch wenn anscheinend eine offene Zukunft mit allen Möglichkeiten vor uns lag, blieb eine Skepsis!

Mir half in dieser Zeit des Reisens die Konzentration auf andere Menschen und deren Probleme. Das eigene Leid schmolz zusammen, wurde langsam unwichtig, das Leben bekam eine neue Perspektive: nicht mehr rückwärts gewandt, sondern nach vorne ausgerichtet.

Dafür braucht es aber auch Vorbilder. Die zweite Frau meines Vaters, die er kurz vor meinem Abitur geheiratet hatte, war mir ein solches Vorbild. Eine Frau mit positiver Grundeinstellung zum Leben trotz mannigfacher Verluste und traumatischer Erfahrungen im Krieg. Sie war ihrer alten Eltern wegen in Königsberg/Ostpreußen geblieben, hatte die bittere Zerstörung dieser Stadt miterlebt, dazu den massiven Hunger. Ihre Eltern verhungerten, sie musste Mutter und Vater eigenhändig beerdigen, wurde von den Russen vergewaltigt, kam in Zwangsarbeit und schließlich nach drei Jahren 1948 nach Westdeutschland, als die Russen alle Deutschen aus Königsberg auswiesen. Sie hätte verzweifeln können. Dennoch blieb sie dem Leben gegenüber positiv gestimmt. Sie ging sogar nach dem Krieg und der Umsiedlung in den Westen für zehn Jahre bis zur Heirat mit meinem Vater als Polizeioberwachtmeisterin in den Strafvollzug und machte dort den Mörderinnen und Schwerstverbrecherinnen Mut zum Leben. Das hat mir imponiert. Darin war sie mir Vorbild. Sie selbst verarbeitete noch Jahre später in den Nächten in schweren Albträumen die Erfahrungen des Krieges, blieb aber im täglichen Leben ein offener, fröhlicher, positiver Mensch.

Sie gab mir viel Beistand und machte mir Mut, die Herausforderungen des Lebens anzunehmen, niemals zu resignieren, nicht auf das halbleere Glas zu schauen, sondern mir deutlich zu machen, dass das Glas immer noch halbvoll ist, nicht an dem zu verzagen, was nicht so gut war im zurückliegenden Leben, sondern das Heute zu sehen mit seinen neuen Aufgaben.

Manchmal habe ich im Rückblick die Vermutung, dass ich dadurch ganz viel verarbeiten konnte, dass wir in der Familie erzählend die »alten Geschichten« ausgetauscht haben. Dabei wurde ganz viel gelacht. Meine zweite Mutter prägte das Wort dazu: Humor ist die beste Medizin.

Sie stützte mich in meinen Aktivitäten der Pfadfinderarbeit, half mir, Gruppen zu organisieren, stand hinter mir in Elterngesprächen, war mir auch in den letzten Monaten vor dem Abitur eine große Hilfe.

Nach dem Abitur konnte ich zwei Praktika absolvieren, das eine im Reisedienst für Jugendarbeit, das andere im sozialen Dienst in Hannover. Das war mühsam und schwierig, weil ich es hier mit jungen Männern zu tun hatte, die schwer zu leiten waren. Ich brachte zwar von der Jugendarbeit einige Erfahrungen mit. Doch im Umgang mit berufstätigen Jugendlichen, die in der Ausbildung standen, hatte ich keinerlei Vorerfahrungen. Ich selbst musste bereit sein, ganz viel zu lernen, offene Augen und Ohren zu haben. In den Spannungsflächen des täglichen Lebens dieser jungen Menschen war eine ausgleichende Gesinnung gefordert. Viele dieser Auszubildenden hatten auch große Defizite in ihrem Leben. Hier hatte ich aus eigener Erfahrung einiges Hilfreiche anzubieten und merkte, wie mich dieser Einsatz stärkte, mich sicherer werden ließ im Umgang mit Menschen. Es schien die richtige Vorbereitung zu sein für das Theologiestudium, für das ich mich anfing zu entscheiden. Lange schwankte ich zwischen Medizin und Theologie hin und her. Doch dann wurde mir immer klarer, dass ich meine Begabung sinnvoller in der Theologie einbringen könnte.

Zum Studium ging ich nach Hamburg. Da ich alle Altsprachen Griechisch, Hebräisch, Latein bereits in meiner Gymnasialzeit gelernt hatte, fiel es mir nicht schwer, sofort mit dem Hauptstudium zu beginnen. Um dem Vater finanziell nicht allzu lange auf der Tasche zu liegen, gab es die Vereinbarung, möglichst schnell fertig zu werden. Zum Genießen blieb keine Zeit. In den Semesterferien machte ich Praktika, um Geld zu verdienen.

In dieser Zeit fing ich an unter hochgradigen Herzrhythmusstörungen zu leiden. Schon in der Schulzeit hatte ich damit zu tun. Aber mein Vater nahm mich nicht ernst. Ich hörte von ihm immer nur den Satz: »Junge, reiß dich zusammen!« Mein Vater war gegen sich selbst ziemlich hart. Mit dieser Einstellung begegnete er auch uns Kindern. Jetzt im Studium wurden diese Herzrhythmusstörungen sehr unangenehm. Ich lernte aber damit so umzugehen, dass ich keinem zur Last fiel. Fast dreißig Jahre später wurden diese Störungen als eine angeborene Anomalie des Herzens diagnostiziert. In der Universitätsklinik Tübingen wurde mir 1989 geholfen. Zu dem Zeitpunkt war ich bereits fünfzig Jahre. Meine Ehefrau hatte in den Jahren davor wahnsinnig gelitten. Ich lebte immer noch unter dem Diktat meines Vaters und kümmerte mich nicht um meinen Körper. Und meine Frau hatte Angst, mich zu verlieren. Mir wurde erst viel später bewusst, dass solche Sätze das Leben bestimmen können.

Im Spätherbst 1961 hatte ich ein Erlebnis, das mein ganzes Leben veränderte. Ich lernte meine Frau Ursula kennen und lieben. Wir entschieden uns im August 1963 gleich nach dem theologischen Examen zu heiraten und gemeinsam mit dem pastoralen Dienst zu beginnen!

Das war eine große Herausforderung, zum einen der Beginn einer jungen Ehe und zum anderen der berufliche Anfang als Pastor in einer für uns beide völlig unbekannten Gegend Deutschlands. Es verschlug uns an die Bergstraße. Mein Gemeindefeld erstreckte sich von Heidelberg bis Bensheim. Drei Gemeinden hatte ich zu begleiten. An allen Orten waren Gottesdienste abzuhalten.

Mir half in dieser Zeit meine Neugier auf das Neue. Menschen forderten mich heraus mit ihrem unterschiedlichen Wachstum und Denken. Natürlich blieb es nicht aus, dass ich als gerade 24-jähriger junger Mann zunächst oft überfordert war mit all den menschlichen Irrungen und Wirrungen »in der frommen Szene«. Die älteren Familienclans waren seit langem zerstritten, hatten ihre festgelegten Urteile über einander und ließen nicht mit sich reden. Ganz selten kam es zu Ansätzen von Gesprächen, die eine Lösung zum Ziel hatten. Diese Menschen in der »bäuerlichen« Gemeinde am Rande der Studentenstadt Heidelberg waren nicht fähig, sich intellektuell auseinander- und zusammenzusetzen!

Manchmal fragte ich mich, ob ich den richtigen Beruf gewählt hatte, weil ich sehr oft an die Grenze meiner Möglichkeiten stieß. Bis dahin hatte ich mich auch mit »fast pathologischen Menschen« noch nicht beschäftigt. Im Studium lernt man das nicht.

In dieser Situation hatte ich eine zufällige Begegnung mit einem jungen Ehepaar, das in einer anderen christlichen Kirche tätig war. Wir beschlossen ganz spontan, etwas gemeinsam zu kreieren. Wir entwickelten eine überkonfessionelle Schüler- und Studentenarbeit. Wir nannten sie:»Jugend ruft Jugend«.

Diese jungen Menschen waren noch begeisterungsfähig, mutig, offen für neue Wege, bereit zum Einsatz. Auch ihre Bereitschaft, sich helfen zu lassen, gab der Arbeit eine ungeheure Kraft. Dazu kam die Bildung von Wohngemeinschaften, in denen Drogenabhängige aufgenommen und begleitet wurden. Ich selbst hatte bis zu diesem Zeitpunkt keine Ahnung von den Problemen Drogenabhängiger. Ich ging mutig darauf zu, ließ mich herausfordern und erlebte Förderung. Denn das, was mich fordert, fördert mich!

Inzwischen hatten meine Frau und ich auch unsere Familie gegründet. Wir genossen es, Kinder zu haben und zu erleben, wie sie heranwuchsen. Dazu ein offenes Haus mit vielen Kontakten.

Unser Sohn Christian wurde 1965 geboren. 1966 kamen Zwillinge zur Welt, die aber nicht am Leben blieben. Damals hat uns dieses Ereignis in »eine anfängliche Depression« gebracht. Wir wussten nicht gescheit damit umzugehen, konnten unsere Trauer in der frommen Szene nicht zulassen, Hilfestellungen gab es damals nicht. In unseren frommen Kreisen hieß es nur immer wieder: Ihr seid noch jung – könnt noch viele Kinder bekommen. Das war natürlich keine Hilfe. So spalteten wir diese familiäre Erfahrung ab, weil wir ja funktionieren mussten im normalen Alltag mit den vielen Herausforderungen.

Erst viele Jahre später haben wir dieses Ereignis aufgearbeitet, als unserem Sohn und seiner Frau auch dieses Schicksal widerfuhr. 1967 kam dann unsere Tochter Maja zur Welt und 1971 unsere Tochter Marei.

Erst viel später wurde mir bewusst, dass ich meine Familie in diesen ersten Jahren meiner beruflichen Tätigkeit als Theologe mit all den menschlichen Problemen überfordert habe. Die Kinder bekamen zu viel mit. Und ich nahm mir zu wenig Zeit für die Pflege unserer Ehe und Familie!

So langsam wuchsen in mir die Fragen, warum ich mich eigentlich so stark einsetzen wollte. Es kamen Zweifel auf, ob das alles so richtig sei. Schließlich meldete sich auch mein Körper mit Symptomen. Ich konnte nicht mehr schlafen, war völlig überdreht und landete in einer Klinik, die mir zum ersten Mal in meinem Leben die Möglichkeit bot, therapeutische Gespräche zu haben, die Licht in mein bisheriges Leben brachten. Die Bereitschaft wuchs, mich zu öffnen und diese Chance beim Schopf zu ergreifen.

So langsam spürte ich, dass wieder einmal eine »Wende« anstand. Das Ergebnis dieser Phase war eine berufliche Veränderung. Es ergab sich die Möglichkeit für eine Gemeindearbeit in Göttingen. Mir erschien diese Aufgabe sinnvoll. Ich bekam die Chance, unter anderem für Studenten da zu sein.

So siedelten wir im April 1974 nach Göttingen über. Auch hier begann eine wertvolle und lebendige Zeit. Viele Studenten kamen in meine Gottesdienste. Es entwickelten sich Gespräche mit Menschen in Krisensituationen. Ich selbst hatte in dieser Zeit das Lebensmotto: neugierig bleiben, auf Herausforderungen zugehen und sich ihnen mit Wachheit und Mut stellen, nicht ausweichen, Hilfe suchen!

In einer Zeit großer seelischer Bedrängnis waren es zum Beispiel die Psalmen der Bibel, die ich lesen und beten konnte, ohne noch tiefer in die Depression hineinzugeraten. Die Psalmen wurden mir zu einem Haus, in dem ich leben konnte, sie drückten etwas so aus, wie ich es auch empfand.

In den Psalmen begegneten mir wie sonst nirgendwo Worte, die mir in bedrängter Lage ihre Sprache liehen. Gerade in Zeiten, in denen ich traurig, unglücklich, zornig war, fand ich in den Psalmen Worte, die meine Gefühle ausdrückten. Die einzelnen Sätze der Psalmen sind aus der Anstrengung heraus entstanden, eine Sprache zu finden für Erfahrungen, die sprachlos machen. Wo dies gelungen ist, sind sie festgehalten in der Hoffnung, dass auch andere eine Sprache für ihre Angst und ihre Hoffnung finden.

Es waren vor allem die Worte der Klage, die mich unmittelbar ansprachen. Hier wurden meine Erfahrungen und Empfindungen in Worte gefasst. Zum Beispiel:

Ich bin wie ein zerbrochenes Gefäß
Ich rufe, du antwortest nicht
Mein Gott, warum hast du mich verlassen
Wie ein Hirsch schreit nach frischem Wasser, so schreit meine
Seele zu dir.[67]

Dabei ist es die Seele, die die Angst bis hin zur Todesangst erleidet, die Seele schreit, ist betrübt, sorgt sich, sie ist verzagt vor Angst, sie will sich nicht trösten lassen, sie verzehrt sich vor Verlangen. Die Seele also ist das Subjekt der Gefühle, sie ist das emotionale Zentrum des Menschen, in ihr ist alles versammelt, was unserem Leben Wärme und Farbe gibt.

So lernte ich für mich Hilfsmittel zu finden, die mich stärkten und wach bleiben ließen in kritischen Situationen. Hinzu kamen therapeutische Gruppen, in denen ich streckenweise mitarbeitete, die mir halfen, einen Blick für meine verborgenen Defizite zu bekommen und liebevoll damit umzugehen. Insgesamt waren diese Jahre in Göttingen von 1974 bis Ende 1982 eine Erfüllung und Bestätigung meiner persönlichen Berufung.

Grenzsituationen gab es natürlich auch. Nicht zuletzt landete ich selbst einige Male auf der Intensivstation eines Krankenhauses und lernte meinen Körper spüren und fühlte unter anderem auch die Grenzen des Lebens. Das machte mich umso wacher für das Leben. »Nicht müde werden, sondern dem Wunder leise wie einem Vogel die Hand hinhalten«, sagt Hilde Domin.

Und Hermann Hesse sagt in seinem Gedicht »Stufen«: »Kaum sind wir heimisch einem Lebenskreise und traulich eingewohnt, so droht Erschlaffen, nur wer bereit zu Aufbruch ist und Reise, mag lähmender Gewöhnung sich entraffen ...«

Aus diesem Gefühl heraus, nichts festzuhalten, sondern die Lebensreise im herausfordernden Aufbruch zu vollziehen, brach ich mit meiner Familie im Dezember 1982 nach Tübingen auf. Allerdings wurde es eine Reise in festgelegte theologische Ausprägungen einer Gemeinde, die meinen persönlichen Aufbruch und meine auch theologische Veränderung nicht akzeptierte. Ich musste mühsam lernen mit Menschen umzugehen, die mir gedanklich fremd blieben, und musste einen Weg finden, zu mir selbst und meinem Gewordensein zu stehen, mich nicht unnötig anzupassen und zu verbiegen, sondern »Ich« zu bleiben und die anders gewachsenen Menschen zu respektieren und anzunehmen.

Das war ein ganz mühevoller Weg, ein dorniger Pfad! Je enger mein Presbyterium in der theologischen Auseinandersetzung war, umso weiter wurde ich gedanklich, theologisch, menschlich, offen für andere Religionen, offen für andere Lebensmuster. Ich lernte entdecken, dass in jedem Menschen, gleich welcher Konfession oder Religion er angehörte, ein göttlicher Kern lebt, den es zu sehen gilt. Ich lernte mich selbst und meine Umwelt zu respektieren! Mein Menschenbild veränderte sich in dem Maße, wie sich mein Gottesbild veränderte.

In dieser Phase wurde mir ein gesundheitlicher Einbruch zu einem Durchbruch in ein »neues Land«. An einem Wochenende in Tübingen hatte ich so eine Art von Todeserfahrungen. Ich wurde urplötzlich ohnmächtig und dies einige Male kurz hintereinander. Ich konnte fast nicht sprechen, bekam aber alles mit, was um mich herum geschah.

Mein Leben erschien mir gelaufen, aber ich war ganz ruhig dabei. Es packte mich keine Angst.

Ich kam wieder auf die Intensivstation. Dort wurde schließlich ein Herzinfarkt ausgeschlossen, aber eine elektrophysiologische Untersuchung des Herzens erbrachte das Ergebnis: Ein doppelter Herzleiter von Geburt an hatte mir ein Leben lang große Mühsale bereitet. Bei dieser Untersuchung wurde dieser unnötige Herzleiter außer Kraft gesetzt. Ich hatte das Gefühl, das Leben noch einmal neu geschenkt bekommen zu haben.

Das, was ich theologisch schon länger spürte, drückte sich auch mehr und mehr körperlich aus.»Neuer Wein braucht neue Schläuche«, sagt ein biblisches Bild.

Das neue Leben ohne Herzrhythmusstörungen verlangte nach einem anderen beruflichen Lebensrahmen. Es dauerte dann zwar immer noch gut zwei Jahre bis zur Veränderung, aber mein Körper hatte ein Zeichen gesetzt. Ich musste Tübingen verlassen. Just in dieser Situation kam die Anfrage aus Hamburg aus dem Diakoniewerk des Albertinenkrankenhauses, dort als Krankenhausseelsorger zu arbeiten und zuständig zu sein für Mitarbeiter in der Supervision.

Ich wusste sogleich: Dies ist ein guter Weg. Nicht mehr für eine spezielle Glaubensgemeinschaft zu arbeiten, die Menschen nicht mehr einzuteilen in»gläubig und ungläubig«, sondern für alle in gleicher Weise anwesend, wach, einfühlsam da zu sein.

Gleich im Vorstellungsgespräch stellte der Chefarzt im Kuratorium die Frage:»Herr Firus, sind Sie Asket oder Genießer?« Ich antwortete:»Ich glaube, ich bin auf dem Wege vom Asketen zum Genießer!«

Der Chefarzt meinte zu Recht, dass der tägliche Umgang mit Schwerstkranken und Sterbenden auf der privaten Seite den Lebensgenuss nötig werden lässt. Das habe ich immer mehr in den folgenden Jahren begreifen gelernt.

Ich selbst spürte, dass mein Weg ins Krankenhaus noch einmal eine Wendung in meinem theologischen Denken bedeutete. Nicht mehr die eine Konfession war hier wichtig, sondern der einzelne Mensch mit seinem Schicksal, seiner Erkrankung, seinem Gewordensein. Genau dies entsprach jetzt auch meiner inneren Berufung.

In meiner Arbeit am Krankenbett waren es auch die Sterbenden, die mich das Leben lehrten, die mich wach machten für andere Realitäten, für den Augenblick, der zählt!

So kam ich ziemlich am Anfang meines Dienstes im Krankenhaus 1992 ins Zimmer einer älteren Dame. Sie hatte nicht nach mir gerufen, ich machte meine Runde und kam»zufällig« in dieses Zimmer.

Wir unterhielten uns. Wie ich später erfuhr, gehörte sie keiner Kirche an. Nach einer Weile bat sie mich:»Schälen Sie mir bitte eine Birne.« Diese lag auf ihrem Nachttisch. Ich schälte die Birne, teilte sie und gab ihr ein Stück. Daraufhin sagte sie:»Und jetzt nehmen Sie auch ein Stück.«

Ich begriff noch nicht, was hier geschah. Doch dann wurde es mir immer deutlicher. Denn die ältere Dame bat mich um ein Glas Wasser, das auf ihrem Nachttisch stand. Ich reichte ihr das Glas. Daraufhin sagte sie zu mir:»Und jetzt nehmen Sie auch dieses Glas und trinken daraus.« Normalerweise würde ich nie aus einem Glas einer Patientin trinken. Aber hier geschah etwas anderes: Nicht ich als Pastor feierte mit dieser Patientin das Abendmahl, sondern die ältere Dame feierte mit mir das Abendmahl und wählte dabei Insignien aus, die ihr in diesem Augenblick entsprachen. Dann legte sie sich in die Kissen zurück und sagte zu mir:»Ich danke Ihnen, dass Sie mich gestärkt haben für meine letzte Reise«, machte noch einmal einen tiefen, letzten Atemzug und hatte jene andere, uns noch verborgene Welt erreicht!

Diese Erfahrung hat mich unwahrscheinlich ermutigt und geprägt. Ich lernte den Augenblick im Krankenhaus wahrzunehmen, ganz präsent zu sein für das, was mir die Patienten signalisieren wollten, sei es verbal oder nonverbal!

Diese ältere Dame war nicht kirchlich eingestellt, aber in ihrer letzten Stunde hat sie ein Ritual gefeiert, welches sie stärkte für ihre letzte Reise.

In einer anderen Situation am Bett eines Sterbenden lernte ich wach zu werden für die»Engelwelt«. Ich trat an das Bett eines Sterbenden, der schon in der Endphase war. Zwischendurch wurde er immer wieder für einige wenige Augenblicke wach und sagte zu mir:»Da ist jemand hereingekommen.«

Ich sagte zu ihm:»Ich bin ganz alleine bei ihnen, es ist keine Schwester, kein Arzt hier.« Er wiederholte seine Wahrnehmung ein zweites Mal und noch ein drittes Mal. Da spürte ich, dass dieser Patient etwas wahrnahm, was mir verborgen war. Ich hatte den Mut, zu sagen:»Herr Schulz, ist da Ihr Schutzengel hereingekommen und will Sie abholen.« Er nickte, machte den letzten Atemzug und war hinübergegangen.

Diese Erfahrung lehrte mich, wach zu sein für Engel, die es wohl geben mag. Menschen in Grenzsituationen können sie wohl wahrnehmen und dafür eine Sensibilität entwickeln.

Das Leben ist spannend, wenn ich mich dem»Lebensfluss« anvertraue! Mir halfen diese Erfahrungen, selbst gesund zu bleiben, neugierig zu sein und offen für andere Wirklichkeiten. Es gibt immer mehr, als ich selbst bisher im Leben erfahren habe. Vor allem gibt es immer noch einen anderen Weg zur eigenen Lebendigkeit. Hier an den Krankenbetten lernte ich eine neue Wachheit für mich selbst zu entwickeln.

Hilde Domin sagt einmal in einem Gedicht:

Jeder, der geht, belehrt uns ein wenig mehr
über uns selber: kostbarer Unterricht an den
Sterbebetten. Alle Spiegel so klar wie ein See
Nach großem Regen – ehe der dunstige Tag
Die Bilder wieder verwischt. Nur einmal sterben
Sie für uns – nie wieder !
Was wüssten wir je ohne sie.[68]

Eine andere wichtige Erfahrung wurde mir die Begegnung mit einer anderen Sterbenden. Sie hatte einen Gehirntumor und fiel eines Tages ins Koma. Sie reagierte nicht auf die Liebe ihrer Töchter, die sie regelmäßig besuchen kamen. Wenn ich an ihr Bett trat, begann ich ein altes Kirchenlied zu singen, das diese Frau liebte. Damit hatte sie viele Jahre gelebt, den Inhalt dieses Liedes für sich geglaubt. Wenn ich anfing zu singen, sang diese Komapatienten alle Strophen des Liedes mit, sonst kamen keine weiteren Reaktionen von ihr. Mir wurde dadurch das Geheimnis stiller »Lebensreserven« bewusst, die vielleicht in solchen Situationen des Lebens wirken.

Hier war es das Lied von Paul Gerhardt:

Befiehl du deine Wege und was dein Herze kränkt
Der allertreusten Pflege Des, der den Himmel lenkt.
Der Wolken, Luft und Winden gibt Wege, Lauf und Bahn,
Der wird auch Wege finden, da dein Fuß gehen kann.

Dem Herren musst du trauen, wenn dir's soll wohlergehen;
Auf sein Werk musst du schauen, wenn dein Werk soll bestehn.
Mit Sorgen und mit Grämen und mit selbsteigner Pein
Lässt Gott sich gar nichts nehmen, es muss erbeten sein.

Mach End, o Herr, mach Ende mit aller unsrer Not,
Stärk unsere Füß und Hände und lass bis in den Tod
Uns allzeit deiner Pflege und Treu empfohlen sein,
So gehen unsre Wege gewiss zum Himmel ein.[69]

Das hat mich zur Frage geführt: Was sind meine stillen Reserven? Welche Sätze aus meinem bisherigen Leben tragen mich, welche Bilder, welche Erfahrungen helfen mir Schweres zu tragen und zu bewältigen? In guten Tagen ist es wichtig für die seelische Gesundheit, sich einen »stillen Schatz« anzulegen für die Tage, die nicht so leicht zu ertragen sind!

Nach zehn Jahren Begleitung von Schwerstkranken und Sterbenden im Krankenhaus konnte ich meine berufliche Arbeit mit knapp 63 Jahren beenden. Eine lange Reise durch unterschiedliche Entwicklungen lag hinter mir. Was mir in jungen Jahren wesentlich war, hatte in den letzten fünfzehn Jahren meiner beruflichen Tätigkeit keine Bedeutung mehr. Ich wusste, dass auch die Phase des Ruhestandes neue Herausforderungen mit sich bringen würde. Mir half eine »Ausbildung im Meditativen Tanz« mit meiner Frau Ursula zusammen, ein Hobby zu entwickeln, das uns mit Menschen in Verbindung brachte, die meist einen ganz anderen Hintergrund hatten, aber mit denen zusammen wir uns auf eine neue Wegstrecke und Reise begeben konnten. Auf einmal erlebten wir »Gottesdienste für Leib und Seele« durch unsere Tanzarbeit. Dazu entwickelte sich eine große Seminararbeit für »Meditativen und folkloristischen Tanz«. Inzwischen haben wir über 130 Seminare für den ganzen norddeutschen Raum organisiert, dazu diverse Kultur- und Tanzreisen, Reisen an Orte der Stille und Besinnung!

Auch entwickelte ich in dieser Phase des Ruhestandes Literatur- und Gesprächskreise. Hier findet der wichtige Austausch mit Menschen in der gleichen Lebensphase statt. Ängste und Sorgen, aber auch Lösungen für Problemfelder des älter werdenden Menschen werden hier thematisiert. Das gibt Anregungen, nicht stehen zu bleiben in der Entwicklung, vielmehr mutig Neues zu denken und zu wagen. Diese Herausforderungen tun gut, motivieren dazu, sich dem Leben zu stellen und mutig nach vorne zu denken. Nicht im Gestern steckenzubleiben, vielmehr das Heute, den Augenblick zu leben und zu genießen.

Jetzt gehöre ich zu den Alten. Diese Phase ist vom Abschiednehmen wesentlich geprägt. Vielleicht ist dies eine hervorgehobene Aufgabe des Alters: den Abschied leben, mit Würde, mit Stil und immer noch lebendig, also das Leben genießend!

Eine Ars moriendi erdachte sich das Mittelalter. Damals, als der Tod meist unerwartet plötzlich auftrat, im Kindbett, auf dem Schlachtfeld oder durch die Pest.

Unser Tod nimmt sich viel mehr Zeit – Jahre, Jahrzehnte manchmal. Verzögert durch medizinische Künste, funktionierende Heizung, durch die Knautschzone im Auto und reichlich gute Nahrung. Viel Zeit, das Abschiednehmen zu einer Kunst zu entfalten, einer Lebenskunst! Einer Ars vivendi. Ich bin dabei, danach zu suchen. Alt sein und Abschied nehmen heißt: neu in der Gegenwart leben, heißt auch: die Kunst des gelingenden Details neu üben. Es geht um feinsinnige soziale Qualitäten. Beim Reden etwa: sich auf die Fülle und Schönheit der Sprache einlassen! Jedem Wort sein Recht geben, verstanden zu werden. Oder etwa beim Hören: das Hinhören üben, das Er-hören. Zu ergründen versuchen, was hinter dem raschen Geplapper der Medienleute von heute für eine Wahrheit verborgen sein könnte. Unsere Mails so sorgfältig fassen, wie einst die Briefe – damals handschriftlich und mit Montblanc!

Unsere Worte bilden die Welt. Sie verhindern den Frieden oder fördern ihn. Sie spenden Trost oder sind eine Waffe. Sie sprechen von Gott, von Liebe, von Blumen. Sie dienen zum Fluchen oder Lügen, zum Gebet oder Gerede. In Worten richte ich über andere. In Worten bestimme ich über mich. Es bleibt im Prozess des Älterwerdens immer wieder die Frage: Rede ich fahrlässig oder mit Gewissen? Die Sprache ist ein kostbares Ding. Mehr wert als alles Gold und alle Schätze. Darum möchte ich sie hüten wie das Leben, bis zu meiner letzten Stunde.

Die letzten Stunden, ja, Menschen gehen und sie gehen verloren. Sie vergehen. Asche zu Asche, Staub zu Staub. Menschen versinken im Vergessen. Das geschieht am Ende allen. Die Speicher und Dateien in meinem Kopf werden gelöscht werden. Was ich bis heute erinnere, wird niemand an meiner statt erinnern. Die vielen Bücher, die ich gelesen habe, all das, was ich geredet, gepredigt und vorgetragen habe, unzählige Gespräche, Liebeserklärungen, Fragen und Scherze; der Klang der Musik, die Gerüche des Lebens, das Gefühlte unter der Fingerkuppe – all das, so wunderbar gespeichert, wird einmal gelöscht sein. Das Banale und Wichtige gleichermaßen.

Und die anderen, die nach mir? Was bleibt bei ihnen von mir? Der Name, die mageren Daten der Biografie. Wenig lebendige, erlebte Erinnerung. Wenige Geschichten, kaum die Stimme, Eigenschaften, Gesten.

Man verspricht in Nachrufen leichthin: Wir werden ihn nicht vergessen. Jedoch, kann das wahr werden und wahr bleiben?

Das Erinnern verblasst. Das Vergessen ist stärker als das Erinnern. Natürlich werde ich irgendwann von fast allen vergessen sein, so ist das Leben, und ich nehme es niemanden übel. Zumal – wer den Abschied vorausbedenkt, kann nachsichtig sein. Nachsicht ist eine gute Variante der Weisheit!

Und nun ein Schluss, etwas versöhnlich: Es will Abend werden. Ich schaue nach draußen. Die Bäume im Garten sind wieder kahl geworden und stehen durch den Herbstwind ganz schief da. Solche Makel sind nicht wirklich schlimm. Das ganze Leben ist immer auch ein wenig unklar und ungerade.

Aber dieser Ausblick: Die Ahnung von einem gelungenen Tag. Die Lust zu sagen: Verweile doch. Der Wunsch, mich selbst aufzurufen: Nutze die Zeit, die dir bleibt. Genieße die Stunde, freue dich an dem Abend, an dem Lebensabend.

Mein Herz ist voller Leben. Und so soll es sein. Noch für eine gewisse Weile!

AUSBLICK

Mit dem Ende des Buches sind wir auch am Ende einer Reise angekommen, die uns durch schicksalhafte Belastungen zu den Widerstandskräften von uns allen geführt hat. Wir haben dabei unterschiedliche Perspektiven eingenommen, weil wir Menschen unterschiedlich sind und deshalb unterschiedliche Wege benötigen. Jeder für sich ist lohnend! Ich bin überzeugt davon, dass es noch weit mehr Wege zu persönlicher Zufriedenheit, Erfüllung und Glück gibt, als ich hier beschrieben habe, und ich möchte Sie von Herzen dazu ermuntern, Ihren eigenen Weg zu finden!

Das Ende dieser Lese-Reise kann vielleicht der Anfang Ihrer Entdeckungsreise werden, einer Entdeckung all der Seiten in Ihrem Leben, die es bunter, vielfältiger und gesünder werden lassen können. Vielleicht haben Sie bemerkt, dass Sie schon längst damit begonnen haben.

Ich wünsche Ihnen hierfür alles erdenklich Gute und möchte mich mit einem Text verabschieden, der Charlie Chaplin zugeschrieben wird und der vieles noch einmal berührt, was in diesem Buch Thema geworden ist!

Als ich mich selbst zu lieben begann ...

Als ich mich selbst zu lieben begann,
habe ich verstanden, dass ich immer und bei jeder Gelegenheit,
zur richtigen Zeit am richtigen Ort bin
und dass alles, was geschieht, richtig ist –
von da an konnte ich ruhig sein.
Heute weiß ich: Das nennt man VERTRAUEN.

Als ich mich selbst zu lieben begann,
konnte ich erkennen, dass emotionaler Schmerz und Leid
nur Warnungen für mich sind, gegen meine eigene Wahrheit zu leben.
Heute weiß ich: Das nennt man AUTHENTISCH SEIN.

Als ich mich selbst zu lieben begann,
habe ich aufgehört, mich nach einem anderen Leben zu sehnen,
und konnte sehen, dass alles um mich herum eine Aufforderung zum
Wachsen war.
Heute weiß ich: Das nennt man REIFE.

Als ich mich selbst zu lieben begann,
habe ich aufgehört, mich meiner freien Zeit zu berauben,
und ich habe aufgehört, weiter grandiose Projekte für die Zukunft zu
entwerfen.
Heute mache ich nur das, was mein Herz zum Lachen bringt,
auf meine eigene Art und Weise und in meinem Tempo.
Heute weiß ich: Das nennt man EHRLICHKEIT.

Als ich mich selbst zu lieben begann,
habe ich mich von allem befreit, was nicht gesund für mich war,
von Speisen, Menschen, Dingen, Situationen
und von allem, was mich wieder hinunterzog, weg von mir selbst.
Anfangs nannte ich das »gesunden Egoismus«,
aber heute weiß ich: Das ist SELBSTLIEBE.

Als ich mich selbst zu lieben begann,
habe ich aufgehört, immer recht haben zu wollen,
so habe ich mich weniger geirrt.
Heute habe ich erkannt: Das nennt man DEMUT.

Als ich mich selbst zu lieben begann,
habe ich mich geweigert, weiter in der Vergangenheit zu leben
und mich um meine Zukunft zu sorgen.
Jetzt lebe ich nur noch in diesem Augenblick, wo ALLES stattfindet,
so lebe ich heute jeden Tag und nenne es BEWUSSTHEIT.

Als ich mich selbst zu lieben begann,
da erkannte ich, dass mich mein Denken
armselig und krank machen kann.
Als ich jedoch meine Herzenskräfte anforderte,
bekam der Verstand einen wichtigen Partner.
Diese Verbindung nenne ich heute HERZENSWEISHEIT.

Wir brauchen uns nicht weiter vor Auseinandersetzungen,
Konflikten und Problemen mit uns selbst und anderen zu fürchten,

denn sogar Sterne knallen aufeinander
und es entstehen neue Welten.
Heute weiß ich: Das ist das LEBEN![70]

ZITATNACHWEIS

Seite 10: Hilde Domin, Bitte. Aus: dies., Sämtliche Werke. © S. Fischer Verlag GmbH, Frankfurt am Main 2009
Seite 12 f.: Portia Nelson, Autobiografie in fünf Kapiteln, aus: Bass/Davis, Trotz allem. Wege zur Selbstheilung für Frauen, die sexuelle Gewalt erfahren haben; Orlanda 16/2014, S. 279
Seite 40 f.: Aus: Paul Watzlawick: Wie wirklich ist die Wirklichkeit? © 1978 Piper Verlag GmbH, München
Seite 70 f: Eckhart Tolle: *Jetzt! Die Kraft der Gegenwart.* 27. Aufl., Bielefeld: J. Kamphausen, 2013, S. 99 f. © J. Kamphausen Mediengruppe GmbH, Bielefeld 2000
Seite 78 f.: Toni Jordan: Tausend kleine Schritte © 2009 Piper Verlag GmbH, München
Seite 84: Philip Oprong Spenner: Move on up. © 2011 Ullstein Buchverlage GmbH, Berlin
Seite 90: Aus: Martin Seligmann, Der Glücks-Faktor, Bastei Lübbe AG, Bergisch Gladbach 2005, S. 50 © mit freundlicher Genehmigung von Bastei Lübbe
Seite 109: Aus: Max Frisch, Homo faber. Ein Bericht. © Suhrkamp Verlag, Frankfurt am Main 1957. Alle Rechte bei und vorbehalten durch Suhrkamp Berlin
Seite 132: Erich Hannighofer, mit freundlicher Genehmigung des Romowe-Verlags © Am Kojenholt 11, 27607 Langen
Seite 136: Aus: Hans Küng, Ewiges Leben © 1996 Piper Verlag GmbH, München
Seite 146: Hilde Domin, Unterricht. Aus: dies., Sämtliche Werke. © S. Fischer Verlag GmbH, Frankfurt am Main 2009

ANMERKUNGEN

1 Hilde Domin, Bitte. Aus: dies., Sämtliche Werke. © S. Fischer Verlag GmbH, Frankfurt am Main 2009.
2 Portia Nelson, Autobiografie in fünf Kapiteln, aus: Bass/Davis, Trotz allem. Wege zur Selbstheilung für Frauen, die sexuelle Gewalt erfahren haben; Orlanda 16/2014, S. 279
3 Hüther, 2012, B 364
4 vgl. Storch und Krause, 2011
5 Firus, 1992, S. 25
6 Frankl, 1984, S. 202
7 vgl. Seligman, 2005, S. 131
8 Frankl 1985, S. 236
9 vgl. Bauer, 2005
10 Frankl, 1982, S. 120
11 Frankl, 1982, S. 8 f.
12 vgl. Antonovsky, 1989 und 1997
13 Aus: Paul Watzlawick: Wie wirklich ist die Wirklichkeit? © 1978 Piper Verlag GmbH, München
14 Van Lommel, 2009, S. 248
15 vgl. Bauer, 2011, S. 12
16 Persönliche Mitteilung von Gunther Schmidt während eines Seminars 2004 in Heidelberg
17 Furmann, 1999
18 vgl. Storch und Krause, 2011
19 vgl. Reddemann, 2001, und Sachsse, 2004
20 vgl. auch Hüther, 2006
21 Firus et al., 2012
22 vgl. Reddemann, 2001, und Huber, 2005
23 Vermutlich aus dem Chinesischen, Quelle unbekannt
24 Reddemann, 2001
25 Kabat-Zinn, 2006
26 vgl. Firus et al., 2012
27 Storch u. Krause, 2011
28 Eckhart Tolle: Jetzt! Die Kraft der Gegenwart. 27. Aufl., Bielefeld: J. Kamphausen, 2013, S. 99 f.
29 vgl. Seligman, 2005
30 in Anlehnung an R. Hanswille und A. Kissenbeck, 2010
31 Toni Jordan: Tausend kleine Schritte © 2009 Piper Verlag GmbH, München
32 nach Pater Franz Gypkens
33 vgl. Häfner et al., 2001
34 vgl. Huber, 2005, und Rampe, 2010
35 vgl. Reddemann, 2006
36 Philip Oprong Spenner: Move on up. © 2011 Ullstein Buchverlage GmbH, Berlin
37 Wiseman, 2009

38 Aus: Martin Seligman, Der Glücks-Faktor, Bastei Lübbe AG, Bergisch Gladbach 2005, S. 50 © mit freundlicher Genehmigung von Bastei Lübbe
39 Seligman, 2005
40 vgl. Seligman, 2005
41 vgl. Klengel et al., 2013
42 Seligman 2005, S. 37
43 Seligman 2005, S. 131
44 vgl. Seligman, 2005, S. 131
45 vgl. Firus et al., 2012
46 Dupree, 2011
47 Reddemann, 2011, S. 51
48 Grawe, 2004, S. 185
49 siehe Züricher Ressourcen Modell von Storch und Krause, 2011
50 Csikszentmihalyi, 2010
51 Csikszentmihalyi, 2010, S. 46
52 Csikszentmihalyi, 2010
53 Aus: Frisch, Max, 1957
54 Frankl, 1985
55 vgl. Storch und Krause, 2011
56 vgl. Badische Zeitung vom 12. 06. 2013
57 Spitzer, 2012, S. 303, (Hervorhebung im Original)
58 zitiert nach Das, 2010, S. 58
59 Levine, 1998, S. 262
60 In Anlehnung an Phyllis Krystal:»Die inneren Fesseln sprengen«, 2004, S. 209 ff.
61 Zemp, 2013
62 vgl. Wendt et al., 2012
63 u. a. Filitti et al, 2007
64 Radebold, 2012
65 Erich Hannighofer, mit Genehmigung des Romowe-Verlags, Am Kojenholt 11, 27607 Langen
66 Aus: Hans Küng, Ewiges Leben © 1996 Piper Verlag GmbH, München
67 Zitat aus Psalm 42
68 Hilde Domin, Unterricht. Aus: dies., Sämtliche Gedichte. © S. Fischer Verlag GmbH, Frankfurt am Main 2009
69 Aus dem Evangelisch-Lutherischen Kirchengesangbuch
70 Charlie Chaplin (zugeschrieben) an seinem 70. Geburtstag am 16. April 1959

LITERATUR

Antonovsky, A. (1989). Die salutogenetische Perspektive. Zu einer neuen Sicht von Gesundheit und Krankheit. Medicus 2, 51–57

Antonovsky, A., Franke A. (1997). Salutogenese: Zur Entmystifizierung der Gesundheit. dgvt-Verlag, Tübingen

Badische Zeitung (12.06.2013). Ein Haus zum Bleiben – für immer.

Bauer, J. (2005). Warum ich fühle, was du fühlst. Intuitive Kommunikation und das Geheimnis der Spiegelneurone. Hoffmann und Campe, Hamburg

Bauer, J. (2011), Schmerzgrenze. Vom Ursprung alltäglicher und globaler Gewalt. Karl Blessing, München

Begley, S. (2010). Neue Gedanken – neues Gehirn. Die Wissenschaft der Neuroplastizität beweist, wie unser Bewusstsein das Gehirn verändert. Goldmann, München

Bielefelder Frauenstudie zu Gewalt in Paarbeziehungen: http://www.bmfsfj.de/RedaktionBMFSFJ/Broschuerenstelle/Pdf-Anlagen/gewalt-paarbeziehungen,property=pdf,bereich=bmfsfj,sprache=de,rwb=true.pdf

Böwing, G., et al. (2009). Spätfolgen von Kriegserlebnissen. Brückensymptome, Trauma-Reaktivierung und Retraumatisierung. In: Trauma und Gewalt, Heft 4/2009, 294–302

Brooks, R., Goldstein, S. (2009). Das Resilienz-Buch. Wie Eltern ihre Kinder fürs Leben stärken. Klett-Cotta, Stuttgart

Catani, C., Ruck, B. (2012). Misshandelte Frauen. In: Trauma und Gewalt, Heft 1/2012, 16–29

Csikszentmihalyi, M. (2010). Flow – das Geheimnis des Glücks. Klett-Cotta, Stuttgart

Courtois, C. A., Ford, J. D. (2011). Komplexe traumatische Belastungsstörungen und ihre Behandlung. Junfermann, Paderborn

Das, K. (2010). Mit den Augen der Liebe. Eine Autobiographie. Koha, Burgrain

Domin, H. (2009). Bitte: Aus: dies., Sämtliche Gedichte. © S. Fischer Verlag GmbH, Frankfurt am Main

Domin, H. (2009). Unterricht: Aus: dies., Sämtliche Gedichte. © S. Fischer Verlag GmbH, Frankfurt am Main

Dupree, E. (2011). Ho'oponopono. Das hawaiianische Vergebungsritual. Schirner, Darmstadt

Filitti, Fink, Fishkin, Anda. Ergebnisse der Adverse Childhood Experience (ACE) – Studie zu Kindheitstrauma und Gewalt. In: Trauma und Gewalt, Heft 2/2007, 18–32

Firus, Schleier, Geigges, Reddemann (2012). Traumatherapie in der Gruppe, Klett-Cotta, Stuttgart

Firus, C. (1992). Der Sinnbegriff der Logotherapie und Existenzanalyse und seine Bedeutung für die Medizin. Centaurus, Pfaffenweiler

Frankl, V. (1982). … trotzdem Ja zum Leben sagen. dtv, München

Frankl, V. (1984). Der leidende Mensch. Anthropologische Grundlagen der Psychotherapie. Hans Huber, Bern – Stuttgart – Toronto

Frankl. V. (1985). Ärztliche Seelsorge. Grundlagen der Logotherapie und Existenzanalyse. Fischer, Frankfurt

Franz (2006). Traumatische Kindheit – ihre Folgen für das Erwachsenenleben. In: Psychotherapie im Dialog, 1/2006, 83–88

Frisch, M. (1957). Homo faber. Ein Bericht. Suhrkamp, Frankfurt am Main

Furmann, B. (1999). Es ist nie zu spät eine glückliche Kindheit zu haben. Borgmann, Dortmund

Grawe, K. (2004). Neuropsychotherapie. Hogrefe, Göttingen

Hanswille, R., Kissenbeck, A. (2010). Systemische Traumatherapie. Carl-Auer, Heidelberg

Häfner, S., et al. (2001). Psychosoziale Risiko- und Schutzfaktoren für psychische Störungen: Stand der Forschung. In: Psychotherapeut 6/2001, 403–408

Hiltl, M., et al. (2009). Spurensuche: Psychische Entwicklung der Großstadtkinder aus dem 2. Weltkrieg. In: Psychother Psych Med 2009, 59, 409–415

Huber, M. (2005a). Der innere Garten. (Mit Übungs-CD). Junfermann, Paderborn

Huber, M. (2005b). Trauma und die Folgen. Wege der Traumabehandlung. Junfermann, Paderborn

Huber, M. (2011). Viele sein. Ein Handbuch. Junfermann, Paderborn

Hüther, G. (2006). Die Macht der inneren Bilder. Vandenhoeck & Ruprecht, Göttingen

Hüther, G. (2012). Deutsches Ärzteblatt, Jg. 109, Heft 9, B 363–364

Jachertz, A. und J. (2013). Deutsches Ärzteblatt, Jg. 110, Heft 14, B 577–579

Jordan, T. (2009). Tausend kleine Schritte. Piper, München

Kabat-Zinn, J. (2006). Interview in der Zeitschrift Psychotherapie im Dialog.

Kabat-Zinn, J. (2011). Gesund durch Meditation. Knauer, München

Klengel, T., et al. (2013). Allele-specific FKBP5 DNA demethylation gene-childhood trauma interactions. Nature Neuroscience, 16, 33–41. Doi:10.1038/nn.3275

Krystal, Ph. (2004). Die inneren Fesseln sprengen: Befreiung von falschen Sicherheiten. Ullstein, Berlin

Küng, H. (1996). Ewiges Leben. Piper, München

Levine, P. (1998). Trauma-Heilung. Das Erwachen des Tigers. Synthesis, Essen

Meibert, P., Michalak, J., Heidenreich, Th. (2011). Achtsamkeitsbasierte Stressreduktion in der Klinischen Anwendung. Psychother Psych Med 61, 328–332

Nelson, P. (2014). Autobiografie in fünf Kapiteln, aus: Bass/Davis, Trotz allem. Wege zur Selbstheilung für Frauen, die sexualisierte Gewalt erfahren haben; Orlanda 16/2014, S. 279

Radebold, H. (2012). Männergesundheit: Keine Rücksicht auf den eigenen Körper. Dtsch Ärzteblatt; 109 (33–34)

Rampe, M. (2010). Der R-Faktor: Das Geheimnis unserer inneren Stärke. Norderstedt, Books on Demand GmbH

Reddemann, L. (2001). Imagination als heilsame Kraft. Zur Behandlung von Traumafolgen mit ressourcenorientierten Verfahren. 16. Aufl. 2012. Klett-Cotta, Stuttgart

Reddemann, L. (2006). Überlebenskunst. 6. Aufl. 2011. Klett-Cotta, Stuttgart

Reddemann, L. (2007). Eine Reise von 1000 Meilen beginnt mit dem ersten Schritt. Herder, Freiburg

Reddemann, L. (2011). Psychodynamisch Imaginative Traumatherapie, PITT – Das Manual. Klett-Cotta, Stuttgart

Reddemann, L., Dehner-Rau, C. (2004). Trauma – Folgen erkennen, überwinden und an ihnen wachsen. Trias, Stuttgart

Sachsse, U. (2004). Traumazentrierte Psychotherapie. Schattauer, Stuttgart

Schwartz, R. C. (2004). Systemische Therapie mit der inneren Familie. 5. Aufl. 2007. Klett-Cotta, Stuttgart

Schmidt, G. Persönliche Mitteilung während eines Seminars in Heidelberg (2004)

Seiwert, L. (2003). Don't hurry, be happy. In 5 Schritten zum Lebenskünstler. Gräfe & Unzer, München

Seligman, M. (2005). Der Glücksfaktor. Bastei Lübbe, Bergisch-Gladbach

Seiffge-Krenke. Kindliche Entwicklung: Wissenswertes für Psychotherapeuten. In: Psychotherapie im Dialog, 1/2006, 3–8

Spangenberg, E. (2008), Dem Leben wieder trauen. Patmos, Düsseldorf

Spenner, P. O. (2011). Move on up. Ullstein, Berlin

Spitzer, M. (2012a). Groß in Facebook, klein im Gehirn? Gehirnforschung zu sozialen Netzwerken. In: Nervenheilkunde 5/2012, 299–304

Spitzer, M. (2012b). Digitale Demenz. In: Nervenheilkunde 7–8/2012, 493–497

Stilger, Katharina: Traumatische Gewalt und Folgestörungen bei betroffenen Frauen. in: Trauma und Gewalt, Heft 1/2012, 48–60

Storch, M., Krause, F. (2011). Selbstmanagement – ressourcenorientiert. 4. Auflage. Huber, Bern

Stutz, P. (2003). Verwundet bin ich und aufgehoben. Für eine Spiritualität der Unvollkommenheit. Kösel, München

Tolle, E. (2013). Jetzt! Die Kraft der Gegenwart. Kamphausen, Bielefeld

Van Lommel, P. (2009). Endloses Bewusstsein. Neue medizinische Fakten zur Nahtoderfahrung. Patmos, Düsseldorf

Watzlawick, P. (2005). Wie wirklich ist die Wirklichkeit? Piper, München

Wendt, C., et al. (2012). Wie traumatisiert sind die Kinder des 2. Weltkrieges? In: Psychother Psych Med 2012, 62; 294–300

Wiseman, R. (2009). Wie Sie in 60 Sekunden Ihr Leben verändern. Fischer, Frankfurt/Main

Zemp, M. (2013). Transgenerationale Aspekte und geschlechtsspezifische Folgen der zwei Weltkriege in Deutschland. Hintergrundinformationen zum Vortrag bei »Fortschritte« Hamburg am 14.06.2013